住房和城乡建设部科技与产业化发展中心
中国残疾人联合会无障碍环境建设推进办公室　组织编写

TYPICAL CASE OF BARRIER-FREE
ENVIRONMENT CONSTRUCTION

无障碍环境建设
优秀典型案例集
（2021）

刘新锋　主编

中国建筑工业出版社

图书在版编目（CIP）数据

无障碍环境建设优秀典型案例集 . 2021 / 住房和城乡建设部科技与产业化发展中心，中国残疾人联合会无障碍环境建设推进办公室组织编写；刘新锋主编 . —北京：中国建筑工业出版社，2022.2

ISBN 978-7-112-27048-4

Ⅰ . ①无… Ⅱ . ①住… ②中… ③刘… Ⅲ . ①残疾人—城市道路—城市建设—案例—中国②残疾人—城市公用设施—城市建设—案例—中国③残疾人住宅—城市建设—案例—中国 Ⅳ . ①U412.37②TU984.14③TU241.93

中国版本图书馆 CIP 数据核字（2021）第 269772 号

责任编辑：田立平　毕凤鸣
责任校对：张惠雯

无障碍环境建设优秀典型案例集（2021）

住房和城乡建设部科技与产业化发展中心
中国残疾人联合会无障碍环境建设推进办公室　组织编写

刘新锋　主编

*

中国建筑工业出版社出版、发行（北京海淀三里河路 9 号）
各地新华书店、建筑书店经销
逸品书装设计制版
天津图文方嘉印刷有限公司印刷

*

开本：787 毫米×1092 毫米　1/20　印张：16¼　字数：391 千字
2021 年 12 月第一版　2021 年 12 月第一次印刷
定价：**136.00** 元
ISBN 978-7-112-27048-4
（38839）

编　委　会

　　为深入学习贯彻习近平总书记对无障碍环境建设的重要指示精神，高质量推进无障碍环境建设，在住房和城乡建设部、中国残疾人联合会共同指导下，住房和城乡建设部科技与产业化发展中心、中国残疾人联合会无障碍环境建设推进办公室联合开展了全国首次"无障碍环境建设优秀典型案例"征集工作，旨在立标打样、引发思考，学有方向、形成机制，造福民生、服务社会。经国家无障碍专家权威评审，遴选了涵盖设施、设计、研究等3类22项能够代表新时代我国无障碍环境建设先进水平的优秀典型案例，具体包括：商业步行街区、特色旅游景区、城市居民小区、冬残奥会场馆、残疾人服务设施、民用机场航站楼、高铁车站、金融服务、社区公共服务、老旧小区改造、大学校园的无障碍设施建设，为各地无障碍环境建设发展提供参考和借鉴。

习近平总书记指出："无障碍设施建设问题是一个国家和社会文明的标志。"无障碍环境建设是全体社会成员以平等的地位和均等的机会共享物质文明和精神文明成果的基础条件。

"十三五"时期，我国无障碍环境建设法规政策和规划标准体系不断完善。《中华人民共和国民法典》《乡村振兴促进法》等多项法律法规强化了无障碍环境建设内容，《中共中央 国务院关于加强新时代老龄工作的意见》《国务院办公厅关于全面推进城镇老旧小区改造工作的指导意见》（国办发〔2020〕23号）对无障碍环境建设工作做出部署。住房和城乡建设、工业和信息化、交通运输、民政、教育、公安、网信、金融、文化旅游、老龄、残联等部门出台了一系列促进无障碍环境建设的政策措施，将无障碍环境建设和适老化改造纳入城市更新、城镇老旧小区改造、农村危房改造、农村人居环境整治提升统筹推进，推动无障碍环境建设水平大幅提升。

"十三五"期间，无障碍环境市县村镇创建工作深入开展，共命名146个无障碍建设城市（县、镇、村）。积极推进为65万户建档立卡重度残疾人家庭进行无障碍改造，助力残疾人脱贫攻坚，提升老龄人生活品质。北京冬奥会和冬残奥会以及杭州亚运会和亚残运会的有力筹办极大地助力助推提升城市无障碍环境建设水平，呈现出喜人态势。相关高等院校、研究机构积极参与无障碍环境建设的理论实践研究，为无障碍环境建设提供智力和人才支持。无障碍设计与设施转化应用的覆盖范围不断扩大，无障碍环境建设质量得到提高，残疾人、老年人等众多需求群体出行和融入社会生活更加安全便利自如，无障碍环境建设促进了社会文明进步，彰显了人文美好形象。

新时代的无障碍环境建设理念日益深入人心，法治意识不断强化，制度体系持续健全，标准规范日臻完善，人文价值日趋凸显，社会氛围日益浓厚。城乡设施、信息交流、人文服务等无障碍环境的水平与质量大幅提升，涌现出了一大批无障碍环境建设优秀成果和人才。

习近平总书记在庆祝中国共产党成立100周年大会上的讲话中86次提到"人民"。而人民的美好幸福生活，缘于一个个细节的体验与感受，一个个细节的磨砺与呈现，又回归于人类创造美好幸福生活的思想境界。"消除障碍、融合共享"的无障碍事业，必须坚持以人民为中心的发展思想，以忠诚之心、敬畏之情、奋斗之意，紧紧围绕"高质量推进无障碍、高品质创造新生活"的要求，把更平等、更公平的理念传递社会，把更细微、更体贴的温暖惠及大众，把更安全、更便利的关怀服务人民，以不断满足人民群众日益增长的对美好生活的需求与向往作为无障碍环境建设的"忠诚初心和崇高使命"。成就人文无障碍，拥抱温暖无限爱。

　　无障碍，没有最好，只有更好。

　　无障爱，没有终点，只有起点。

吕世明

无障碍环境建设是贯彻习近平总书记新时代中国特色社会主义思想、落实以人民为中心发展思想的具体体现，是国家和社会文明的标志，是积极应对人口老龄化战略的必然要求。

我国无障碍环境建设自20世纪80年代开始以来，经历了从无到有、从点到面，在实践中不断摸索、逐步规范、持续提高的过程。1985年，第一批无障碍建设和改造试点，在北京市王府井、西单等地区率先开展。1989年，第一部无障碍建设规范《方便残疾人使用的城市道路和建筑物设计规范（试行）》正式出台。1990年，《中华人民共和国残疾人保障法》正式颁布。2012年，《无障碍环境建设条例》正式实施。一系列的法律法规、政策标准，促进无障碍环境建设水平不断提升，但仍然需要面对许多问题与挑战。主要是全社会无障碍意识有待进一步提升，新建无障碍设施不规范、不系统，老旧设施无障碍改造不到位，无障碍社区服务水平有待提高，居家无障碍环境改造需求迫切，农村无障碍建设较为滞后且缺乏行之有效的措施，都需要积极主动的寻求解决办法。

这也是此次案例征集工作的初衷，对全国无障碍环境规划设计、施工建设和运维管理等方面项目进行征集，遴选出能够代表新时代我国无障碍环境建设先进水平的优秀典型案例，归纳总结为设施、设计、研究三个类型，从公共空间、公共建筑、福利及特殊服务建筑、居住社区等方面来展现我国无障碍工作，为各地无障碍环境建设发展提供经验借鉴。

今天的无障碍已经远远超出了传统意义上建筑设施的领域，涉及科技研发、城乡建设、医疗卫生、教育培训、文化传播等经济社会生活各领域、各方面、各环节。这就要求从业者要以"人"为中心，推己及人，仔细地学习和了解不同人群的无障碍需求，从细微处尽可能解决残疾人、老年人的难题。新技术、新产品、新材料的应用，也进一步推动了无障碍环境建设的发展，用先行一步的姿态，使"提前"满足残疾人、老年人的需求成为可能。

面对未来，特别是建筑师，要树立正确的理念，掌握无障碍、适老化政策、标准内容，具备无障碍、适老化设计能力，通过职业特点，在城市、社区、住房不同尺度的项目中反复实践与探索，让残疾人、老年人、伤病患者、孕妇、儿童等社会成员，在城市中生活的更方便、更舒心、更美好！

设计师寄语

北京大兴国际机场无障碍系统设计、民用机场航站楼无障碍系统设计导则

北京大兴国际机场作为超大型综合交通枢纽，通过对无障碍设施设备的服务人群梳理、通用化设计、使用功能完善，真正实现全流程无障碍设施设备覆盖。无障碍系统设计以"绣花功夫""工匠精神"推敲每一个细节，最终达到毫米级别的精确度。从无障碍电梯，到无高差行李托运设备，到无障碍卫生间等高水平人性化的无障碍设施，真正意义上为所有人创造了更加安全便利舒适的出行环境，满足所有旅客美好出行的愿望。

——北京市建筑设计研究院有限公司

杭州湖滨步行街区无障碍环境改造

最初大家考虑无障碍设计标准、配置标准是什么等问题，但随着项目的推进，我们愈发深刻体会到，无障碍设计不应是被孤立的单项，它一定是要有机的、自然的，与人文环境、自然环境、公共环境融为一体，是创意、设计、人文、绿色、数字、建造整合协同的城市一体化环境建设。

——中国中建设计研究院有限公司 靳喆

国家残疾人冰上运动比赛训练馆

我们始终致力于将"高标准、主动式、正向无障碍"理念融入设计全过程，从全体人群和全年龄段人群的需求和感受出发，使无障碍环境形成闭环，为每位使用者争取自主出行的权利和尊严，将我们的关爱通过作品传达到每个角落。

——中国建筑标准设计研究院有限公司无障碍技术研究院 张欣

2019年中国北京世界园艺博览会永宁阁

"御板舆，升轻轩"是古代克服建筑障碍的办法，要靠人力肩扛手抬。将现代无障碍设施无痕引入传统建筑，使中国建筑从此通行无碍，让全体国民平等享有"远览王畿，近周家园"的权利，是永宁阁无障碍设计想要展示的愿景。永宁无碍，永宁有爱，愿古老文明绽放新的光彩，愿天下苍生平等相待，其宁惟永。

——北京林业大学园林学院 董璁

国家游泳中心冬奥会、冬残奥会无障碍环境建设提升项目

国家游泳中心无障碍环境建设，在满足场馆冬奥会、冬残奥会比赛运行需求基础上，还将更好的为场馆赛后可持续运营提供长足的保障，在今后场馆的比赛、运营中为更多的残障人士提供便利服务。水立方欢迎更多的残障人士能够走出家门，在2022年冬奥会、冬残奥会来到水立方观看冰壶比赛、轮椅冰壶比赛，为中国运动员加油助威。水立方作为"双奥场馆"面向社会公众，"有能力、有条件、有信心"，为每一位来到水立方的游客，提供更优质、更舒适的游玩体验环境。

——北京国家游泳中心有限责任公司

北京市"小空间 大生活—百姓身边微空间改造行动"之适老无障碍改造

创造全龄、全人群宜居生活环境，创造"有温度、有味道、有颜值"的宜居生活环境是我们这次活动目的。做得好不好，唯一的评价主体是居住在那里的居民。成果落地后，我们欣慰地看到了居民的笑脸，听到了孩子们的欢声，留住了"共同记忆"。这是对所有参与了项目的同志们最大的慰藉，这就是我们要干的活，这些虽是琐碎的小活和细活，但却是我们为群众办实事最有价值的大活。

——中国中建设计研究院有限公司 薛峰

建设银行上海浦东分行营业部无障碍环境建设提升工程

聚焦特殊群体需求，将传统服务方式与智能化服务创新并行，在新金融的浪潮中激流勇进。让细节彰显金融服务的温度、让服务融入社会发展的新格局，担当金融行业的社会责任。

——中国建设银行股份有限公司上海浦东分行营业部

新建京雄城际铁路雄安站站房工程

"设计"是工程建设的源头，建筑无障碍需要建筑师用"爱"来打造。建筑之"爱"是无微不至之爱，是共享科技之爱，是与艺术交融的心灵之爱。

——中国铁路设计集团有限公司 赵世磊

中国银行宝山支行营业部无障碍环境建设示范网点

无障碍设计的旅途道阻且长。设计师不易与特殊人群感同身受，唯有在邀请多名障碍人士体验的过程中，投身于群众，倾听特殊群体建议与心声，坚持不断改进，不断完善。从多种呼叫按钮、辅助工具的增加，直到特殊人群能通过触觉了解空间布局，使金融空间充满人性关怀，传递无声的大爱，谱写金融的温度。

——中国银行股份有限公司上海市宝山支行营业部

西湖大学校园通用无障碍环境建设指南与图示

大学校园作为重要的教育场所，一个能够提供公平教育、开放包容的校园环境是校园人文关怀的重要体现。一个无障碍的校园环境需要全方位、系统化体系，形成相互衔接的"闭环"，从而真正实现对弱势群体友善关爱的校园氛围，形成和谐互动的校园文化。希望有温度、有深度、有"爱"的校园越来越多！

——浙江大学建筑设计研究院有限公司 邝 洋

北京大学畅春园社区老年友好社区创建

社区是老年人重要的生活及活动场所，把社区作为切入点，是建设老年友好型社会的"第一步"。在燕园街道与北京大学师生的共同努力下，畅春园社区通过老年友好型的无障碍环境建设，为社区的老人们树立起了积极老龄观，已初步建成以老年人为中心、以老年友好为目标，向老年人提供生活、文化、服务、社会心理等支持为一体化服务的老年友好型社区，并持续围绕环境友好、服务友好等层面，探索多元化的实践路径。

——北京大学人口研究所

北京市残疾人职业康复和托养服务中心无障碍专项设计

掌握了无障碍建筑的设计，就是掌握了一种爱众人的能力。学会倾听，践行体验，虚心请教，科技共融；于无形中体现无障碍设计，将无障碍设计渗透到每一个细节，让残障朋友感受到便捷、自主、平等、尊严、温暖与爱！

——北京市建筑设计研究院有限公司　王　佳

上海阳光康复中心项目

评价一个无障碍设计的好与坏，不需要任何数据分析、评估报告，只需去认真观察下每位使用者的脸上是否挂着笑容或是皱着眉头。在无障碍设计中无关乎经济利益，更不彰显财富地位。有的只是这个城市和建筑所体现出的对人道主义的尊重和对人文精神的关怀，更是真正意义上"以人为本"的价值典范。

——华东建筑设计研究院有限公司　万　程

北京按摩医院扩建项目

从事北京按摩医院设计实践六年来，我们团队深深地体验到，"人文关怀"不仅仅是理论上的宏大叙事，更是对职业设计师在工作中是否付出"真心""爱心""细心"的具体检验，一条线、一个数字、一个标识……；我们设计的建筑不仅仅应该是美的建筑，更是要通过建筑体现出"真"和"善"，人文关怀的核心是人性化服务，人性化服务的核心是爱心与真诚，只有具备"真、善、美"特质的建筑才是真正的好建筑。

——中国电子工程设计院王振军工作室+"蔓·设计"研究中心

改建铁路北京铁路枢纽丰台站改建工程丰台站房

人，推衍至今无论对社会提出何种需求，一切皆要归于本质。建筑作为最根本的服务载体，出发点就是服务于人类本身。无碍的建筑需以彼身心，设身处之，了然于心而循于人，最终方能"建筑契合于人的身形"。

——中国铁路设计集团有限公司　李　博

清华大学校园总体规划（2021—2030）无障碍专项规划

纵观世界，教育的包容与平等，就是底线思维和标准配置。通用、包容、共享、多样的无障碍校园环境，除了物质空间环境，保障机制才是永续发展的关键，确保残障平等、融合教育，践行创新发展，永续服务于不断螺旋上升的需求和高质量发展的要求。

——清华大学无障碍发展研究院　邵　磊

弯湾·爱生活残疾人社会融合共享体

弯湾是这样一个地方，这里，长大成人的智力和精神障碍人群能够阳光自信、笑对生活；社会各届的触角也能伸进来，自如温柔、平等以待；设计师也能藉此开拓想象的边界，赋能成长、砥砺前行，追随众多前辈的脚步，承担起建筑师的社会责任。

——浙大设计院无障碍设计研究所　周　欣

北京2022年冬奥会和冬残奥会无障碍指南技术指标图册

北京冬奥会和冬残奥会无障碍环境建设工作以标准先行，在和国际接轨、先进的无障碍标准的指导下，为举办一届"精彩、非凡、卓越"的奥运盛会提供了优质的城市无障碍环境保障。我们下一步的工作是转化冬奥遗产，推动城市无障碍环境的建设进入新的发展阶段。

——北京市建筑设计研究院有限公司　焦　舰

《国家无障碍战略研究与应用丛书》（第一辑）

无障碍工程不是一个领域的事情，它是涉及整个国家、整个社会方方面面的一个巨大的工程，它涉及我们整个国家未来目标的实现。从当代全球发展的情况来看，走在世界前列的现代化国家在"无障碍"方面都基本实现了全面布局。今天搞现代化，如果不包括"无障碍"这个要求，那就不是当代意义上的现代化。十九大报告提出，中国特色社会主义进入新时代，我国社会主要矛盾已经转化为人民日益增长的美好生活需要和不平衡不充分的发展之间的矛盾。"无障碍"恰恰就属于美好生活需要的范畴。

——中共中央党校哲学与战略学教授 段培君

21BJ 12-1《无障碍设施》建筑构造通用图集

通用图集《无障碍设施》已更新至第六版，作为指导无障碍环境建设的标准设计文件，推动了无障碍建设发展，见证了城市的变迁。从初期最基本的无障碍坡道、扶手设计到现在的无障碍环境系统性建设，从单一性到细化不同人群的需求，从新建建筑到老旧小区改造，图集的每次修编都是一次设计理念和技术的提升与进步，将适用、先进、准确、可靠的做法编入图集提供给设计师使用，进一步促进全民友好人居环境建设目标的实现。

——北规院弘都规划建筑设计研究院有限公司标准化编制研究中心 陈 激

无障碍通用标识环境设计实验虚拟仿真实验

设计师作为人与环境的协调者，需要有"巧思"——以创造性的设计满足项目的各类需求；更要有"仁心"，以包容性的视角审视每一处细节，让环境对人更加友好。无障碍标识实验虚拟仿真实验，将无障碍标识实验于云端与所有人共享，让大家了解无障碍标识设计的智慧，让设计的"巧"与"仁"注入每个人的心田。

——天津大学无障碍通用设计研究中心

CONTENTS
目 录

01　设施类
FACILITIES

02 设计类
DESIGN

03 研究类
RESEARCH

设施类
FACILITIES

北京大兴国际机场无障碍系统设计
中国·北京

导读：北京大兴国际机场（以下简称"大兴机场"）是我国的重大标志性工程，是国家发展一个新的动力源，是落实民航强国战略、服务国家交通强国建设的具体体现，肩负着服务雄安新区、服务京津冀协同发展等国家战略的功能。民用机场作为国家对外交往的窗口，其无障碍环境建设和通用设计水平，是国家物质文明和精神文明发展的集中体现，是社会进步、人文关怀的重要标志，直接影响着我国的国际形象。无障碍环境建设是"精品工程、样板工程"及"四型机场"的重要组成部分，是展示北京大兴国际机场现代化建设水平和人文关怀的重要体现。

北京大兴国际机场无障碍设计按照世界眼光、国际一流、中国特色、高点定位的要求，首次将残障人士按照行动不便、视觉障碍和听觉障碍分为三类群体，创新性地将无障碍设施分为八大系统，结合国际标准和中国人独特的人体工程学原理，有针对性地根据三类群体对机场航站楼内八大无障碍系统设施的不同需求进行研究，总结出一套适用于航站楼等大型综合交通枢纽的无障碍系统设计。

图 1-1-1 北京大兴国际机场鸟瞰图

▶ 项目概况

地　　址	北京市大兴区	**建 筑 高 度**	50.927m
建设时间	2017—2019年	**主 要 功 能**	航站楼
建筑类型	公共建筑	**设 计 单 位**	北京市建筑设计研究院有限公司
建筑面积	780028.05m²	**主要参与人员**	胡霄雯　刘　琮

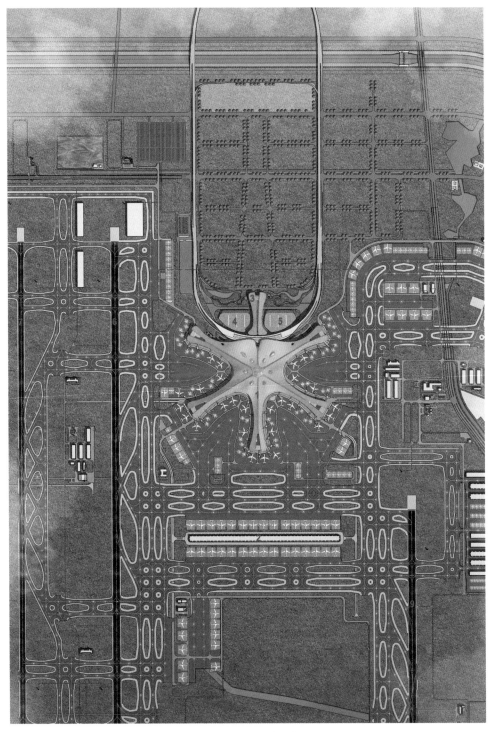

图1-1-2 北京大兴国际机场总平面图

▶ **平面图**

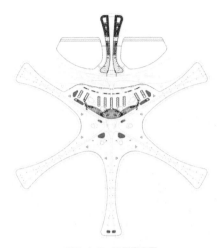

图1-1-3　五层平面图

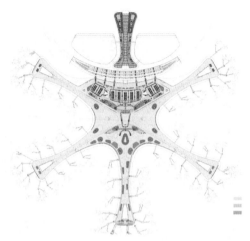

图1-1-4　四层平面图

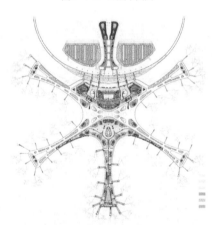

图1-1-5　三层平面图

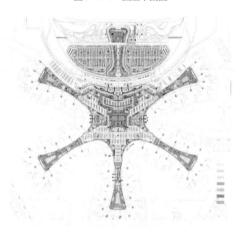

图1-1-6　一层平面图

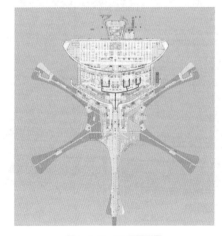

图1-1-7　B1层平面图

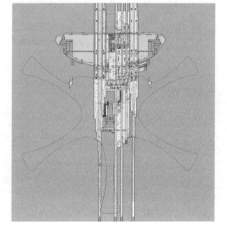

图1-1-8　B2层平面图

▶ 二层平面图

北京大兴国际机场航站楼地上5层、地下2层，设计中每一层均进行了无障碍系统设计，根据不同功能层、不同类型人群的需求设计无障碍路线，沿线配置各类无障碍设施，各功能层均有无障碍电梯进行垂直交通联系，实现了全要素无障碍。

涉及的无障碍设施主要包括：

- 盲道系统
- 爱心座椅
- 低位电话、饮水处
- 候机区无障碍座椅
- 标识引导系统
- 登机桥内部防滑地面及
- 无障碍电梯

- 低位综合问询柜台
- 无障碍卫生间
- 坡道及双层扶手
- 低位饮水处
- 登机口处闪烁提示设施
  双层扶手

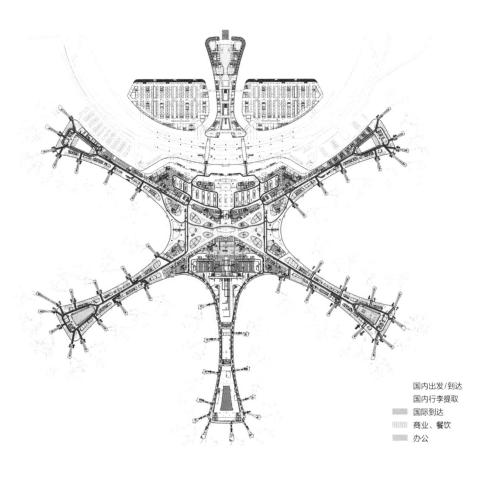

国内出发/到达
国内行李提取
国际到达
商业、餐饮
办公

图1-1-9　二层平面流线分析图

▶ **技术难点**

- **难点一：如何提升旅客满意程度，突出落实"全人群"受益**

为了实现以共享为根本目标，让所有人都能享有无障碍发展带来的安全、便利、舒适出行的幸福体验。北京大兴国际机场无障碍设计创新性地将无障碍设施分为停车系统、通道系统、公共交通运输系统、专用检查通道系统、服务设施系统、登机桥系统、标识信息系统、人工服务系统共8大类，有针对性地根据三类群体的需求进行研究探索。使用人群不局限于残障人士，更多考虑特殊旅客，需要关怀人群，以及所有出行旅客。

- **难点二：如何提高服务水平，满足无障碍设施设备"全覆盖"**

以全需求人群行为特征数据图谱为基础，划分了航空出行服务、交通换乘接驳、飞行保障三个典型功能空间，围绕"安全、顺畅、便捷、舒适"城市航空出行需求开展了全要素、高集成度的通用设计，通过需求与流线分析、功能空间与无障碍设施布局、服务体系构建等方法，将各功能空间的布局、交通流线和设施接驳进行了有效的组织和串联，形成了满足普通旅客、弱势群体、服务与保障人员等在内的所有人群需求的城市航空出行链。

- **难点三：如何打造世界一流，国际领先的无障碍环境**

北京大兴国际机场无障碍建设打破常规、接轨国际水平、突显人文关怀的特色，更用实际行动传达了人文关爱融合共享理念，为残障人士、老年人及全社会成员出行创造更加安全便利舒适的条件。

图1-1-10 三面坡缘石坡道

▶ 研究思路

　　北京大兴国际机场是集航空出行、飞行运控与保障以及城市轨道交通出行接驳于一体的功能复合、工艺复杂的超大型城市综合交通枢纽，是覆盖"航空出行—交通接驳—飞行保障"全过程的"城市航空出行空间"。通过需求与流线分析、功能空间与无障碍设施布局、服务体系构建等方法，结合无障碍设施设备特征，总结出八大系统。

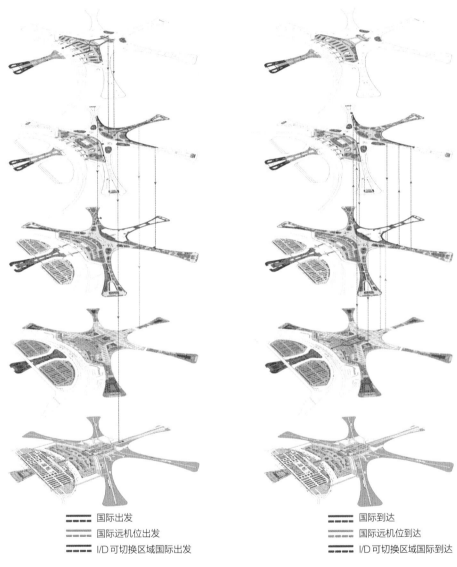

━━━ 国际出发	━━━ 国际到达
━━━ 国际远机位出发	━━━ 国际远机位到达
━━━ I/D可切换区域国际出发	━━━ I/D可切换区域国际到达

图1-1-11　国际出发流线图　　　　　　图1-1-12　国际到达流线图

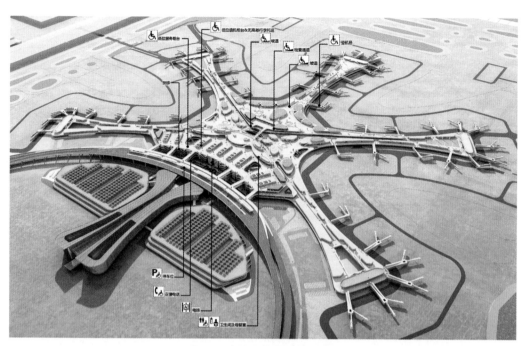

图1-1-13　航站楼无障碍系统布局

▶ 无障碍设计要点1——停车系统

结合航站楼出入口就近设置无障碍机动车停车位，在车位一侧留有宽度为1.2m的轮椅通道，在车位后部留有宽度1.2m的轮椅通道。

图1-1-14　无障碍机动车停车位

▶ 无障碍设计要点2——通道系统

通道系统包括：室外道路、室内通道、出入口、门、坡道、盲道。

连续坡道坡度符合规范要求，坡道区域设置双层扶手，并且在坡道的起始处设有通长提示盲道。

从落客平台人行道起通过三面坡衔接航站楼标高，设置连续盲道引导至入口召援电话；入楼后有连续盲道引导至内部综合问询柜台。

图1-1-15　指廊处连续坡道

图1-1-16　三面坡缘石坡道、召援电话、连续盲道

▶ 无障碍设计要点3——公共交通运输系统

公共交通运输系统包括：楼梯、电梯、扶手及自动步道、摆渡车及远机位登机设施。

楼梯前设置提示盲道，两侧设置扶手并设盲文提示，扶手末端为圆弧形倒角设计。

图1-1-17　末端圆弧形倒角扶手

图1-1-18　楼梯前提示盲道

无障碍电梯入口采用放大入口，电梯外侧设盲文按键，内侧设有清晰显示运行方向和层数与语音提示。

图 1-1-19　全面屏触摸操作面板　　　　　　　　　图 1-1-20　一体化低位操控面板

▶ 无障碍设计要点4——专用检查通道系统

专用检查通道系统包括：专用安检通道、自助通道。

安检现场配套设置无障碍安检通道和无障碍人身安检门并且在安检现场设私密检查间。

对航站楼内不同功能的检查现场均考虑满足轮椅通行宽度的专用检查通道，边检、联检区域设置无障碍柜台和通道，通道宽度不小于1200mm。

图 1-1-21　无障碍安检通道　　　　　　　　　图 1-1-22　无障碍边检通道

▶ 无障碍设计要点5——服务设施系统

服务设施系统包括：低位柜台、饮水处、座椅、公共卫生间、无障碍卫生间、母婴室、辅助犬卫生间、无高差行李托运设施。

值机区首次采用斜面行李称重体统，候机区预留轮椅席位和爱心座椅。

以母婴候机室为例，在每个候机指廊分设母婴候机室，功能齐全，包括哺乳、清洗、儿童休息娱乐等。

图1-1-23　无高差行李托运　　　图1-1-24　爱心座椅　　　　　图1-1-25　母婴候机室

无障碍卫生间，除了符合需设洁具的要求，首次引进人工造瘘清洗器，并增加母婴设施（婴儿打理台、婴儿挂斗等）。

打破传统残卫的定义，实现通用化设计的无障碍卫生间。例如呼叫按钮、安全抓杆等设施易出错，本次设计经过实地调研、学术讨论、专家评审、现场实践，最终形成精确到毫米级的设计标准。

图1-1-26　低位洗手盆　　　　图1-1-27　低位小便器、带抓
　　　　　　　　　　　　　　　　　　　杆低位小便器

图1-1-28　无障碍卫生间　　　　　　　　　图1-1-29　无障碍厕位间

▶ 无障碍设计要点6——登机桥系统

控制桥内坡度，并增设双层扶手保证轮椅乘坐者的行动安全，坡道起始处300mm铺设提示盲道。

图1-1-30　登机桥双侧扶手

▶ 无障碍设计要点7——标识信息系统

航站楼内设置无障碍设施导向标识，并在无障碍设施旁显著位置设置无障碍设施位置标志，采用对比强的色彩。

图1-1-31　无障碍标识

▶ 无障碍设计要点8——人员服务系统

根据需要将旅客护送到登机口移交至航空公司、地面代理人员，或将旅客送交至航空公司、代理公司柜台处。

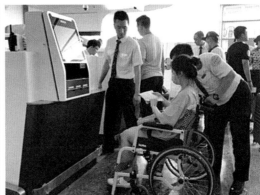

图1-1-32　自助值机服务

杭州湖滨步行街区无障碍环境改造

中国·杭州

　　杭州滨湖步行商业街是全世界唯一一处毗邻世界文化遗产（西湖风景名胜区）的滨湖步行商业街，是湖滨核心商圈的重要支撑。被商务部纳入全国首批改造提升试点的11条步行街之一，也是全国首个对标世界一流的"无障碍步行街区试点项目"。

　　湖滨步行街无障碍专项设计以遵循"畅享街区"和"全龄优化"为原则，以国内外通用设计最新理念、标准、技术为参照，扩展了商业步行街无障碍环境建设的内涵，首次提出全龄友好无障碍设施和无障碍智能服务理念，创新了步行街无障碍环境建设的机制方法，同时结合杭州市的区位特点和地域文化，力求达到具有前瞻性和推广性的高质量无障碍步行示范街区。

- 获2020年商务部颁发的九条"首批全国示范步行街"之一。
- 获全国首个"无障碍步行街区试点项目"。
- 获全国首次（2020）无障碍设施设计十大精品案例。

图1-2-1　步行街实景图

▶ 项目概况

设计时间	2019年5月—9月		**设计单位**	中国中建设计研究院有限公司		
项目地点	浙江省杭州市		**主要参与人员**	薛峰　靳喆　童馨　凌苏扬		
建筑面积	41万m²			薛鸿翔　许铭　章琪　陈凌军		
实施单位	杭州市上城区政府			陈希　胡丽亚　孔兴桥　陈罡		
指导单位	商务部流通发展司			丁琦　钟声　方志华　周波		
	中国残联无障碍环境建设			朱隽夫　程峰　陈咏梅　余丽丽		
	推进办公室			崔德鑫		

▶ 规划改造范围

• 规划范围

　　湖滨步行街区范围：北至庆春路（一期北至长生路），南至解百新元华，东至延安路，西至湖滨路，包括长生路、学士路、平海路、邮电路等部分路段，占地面积41万m²。

　　街区紧邻城市干道延安路，现状步行街全长650m（含湖滨路步行街500m+平海路西段步行街150m），规划拓展东坡路全线和平海路东段（东坡路至延安路），规划后步行街总长1620m。

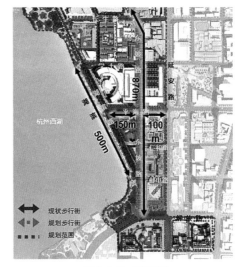

图1-2-2　总平面图

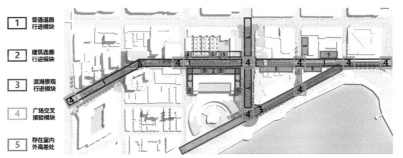

图1-2-3　步行流线节点模块梳理分析图

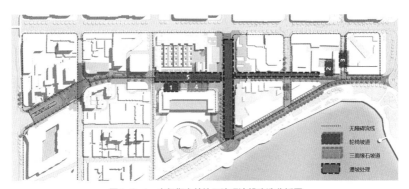

图1-2-4　步行街高差处无障碍流线改造分析图

▶ 设计特点

- **特点一：机制模式——建立我国商业步行街无障碍改造全过程咨询模式**

  创建了无障碍设计从策划咨询到规划设计、选材、施工、维护、组织用户体验、专家咨询评估的建筑师全过程负责制模式。

- **特点二：技术体系——形成了无障碍专项设计的系统化技术体系**

  协同规划、建筑、景观、照明、智能化等各专业对交通接驳、道路广场、建筑场地、无障碍服务配套设施、标识引导、智慧化等系统化进行改造，改造后完成近千项全龄友好无障碍微改造节点设计。

- **特点三：全龄友好——加强了全龄友好服务设施的人性化配置**

  项目加强了为老年人、儿童、孕妇等全龄人群服务的人性化设施及服务配置体系，使全部人群均可"畅享街区"。

- **特点四：实用美观——强调无障碍设施与西湖景区美感的结合**

  无障碍设计在以实用为前提下，尊重历史文化，与西湖景区和步行街区一体化设计，力求达到无障碍设施与西湖景区美感相结合。同时注重设计与工艺化生产的衔接与指导，并监督选材及安装，保证无障碍设施与环境的一体化设计。

- **特点五：科技创新——加强信息智慧技术的无障碍场景应用**

  将无障碍信息系统与街区智慧大脑对接，对应不同场景应用，构筑了一个"互联网＋"时代下的智慧化无障碍商业街区。

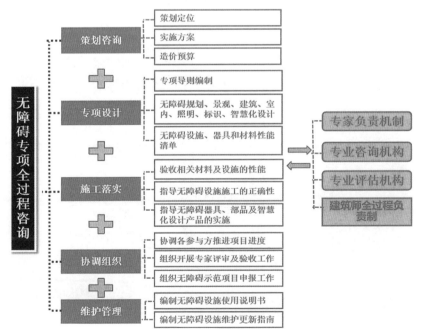

图1-2-5　无障碍专项全过程咨询框架图

▶ 改造前存在的问题

改造前，步行街人车混行，场地有高差、步行系统不连贯、所有商铺入口均存在高差台阶，街区缺少公共空间休息场所、景观林荫空间、系统的无障碍标识设计，同时缺少全龄友好的无障碍配套设施及无障碍智能化设计。

图1-2-6　改造前步行街区实景照片

▶ 改造技术路线

首次建立我国商业步行街无障碍改造设计体系，满足城市公共空间品质与市民出行需求的服务体系，完成近千项人性化微改造节点设计。

- 专项体检：对原有步行街进行无障碍专项体检，编制体检报告；
- 需求调研：对弱势群体的需求、游客的需求及街区各业主的意见开展调研工作；
- 规划梳理：对现有无障碍人性化资源进行整合，提出配置性能指标并对消极空间充分利用；
- 设计导则：编制无障碍专项指导书，提出各专业协同设计要求、设计标准、设计平面图效果图示；
- 产品设计：提出配套产品及辅具的性能要求，开展工业化设计及产品遴选；
- 施工安装：现场跟进施工指导，协助施工验收及对使用者维护指导工作；
- 成果应用：编制商业步行街无障碍设计导则，将成果进行应用推广。

图1-2-7　改造后步行街区实景照片

▶ 无障碍改造技术体系 —— 道路广场改造

• 车行道改为步行道的道路广场改造

对总长1620m，9条街步行街进行坡地化无障碍改造。共改造10个与外部交通相连的无障碍过街路口。通过场地坡地化设计，使约1500个商铺入口实现无障碍坡地化进入。改造各处不同类型的无障碍出入口415处。

图1-2-8　步行街区实景照片

- **过街路口景观空间节点改造**

　　街区导入人流后，利用原有道路结构基础在各个道路交口形成步行街的节点，对应商业广场、形成收放有秩的公共空间。

图1-2-9　步行街过街路口实景照片

▶ 无障碍改造技术体系 —— 建筑场地改造

- **台阶高差处的无障碍坡道改造**

　　对于无法进行坡地化设计的场所，结合不同高程局部场地环境设计规划无障碍流线，进行微改造设计，通过无障碍坡道和三面缘石坡道，解决不同高程场地的无障碍流线的连续性问题。

<table>
<tr><td>图1-2-10　无障碍坡道改造前后对比照片</td><td>图1-2-11　台阶高差处改造前后对比照片</td></tr>
</table>

▶ **无障碍改造技术体系 —— 景观环境改造**

- **重塑步行街人性化林荫空间**

结合滨湖茂密的林荫空间和骑楼空间，重新设计了步行道路的地面铺装，增设现代种植池与租摆花卉，与原有景观小品共同构成商业环境的有机组成部分，并将休息座椅与原有高大乔木绿植与植物花摆相结合，形成面湖而坐的步行街休憩空间。

图1-2-12 步行街实景照片

图1-2-13 步行街实景照片

▶ 无障碍改造技术体系 —— 配套设施改造

• 全龄友好人性化配套设施人性化设计

设计老年人、残疾人、儿童、母婴均可友好使用的无障碍卫生间，并在改建的商业设施内设计了无障碍爱心服务设施，设计了系统的无障碍引导标识，多处无障碍优先等候区。 在步行街出入口与交叉口处布置具有轮椅容膝空间、低位服务设施、可显示附近无障碍服务设施与街区整体无障碍环境的电子屏、可交互的无障碍智能标识系统，以及各类引导标识系统。

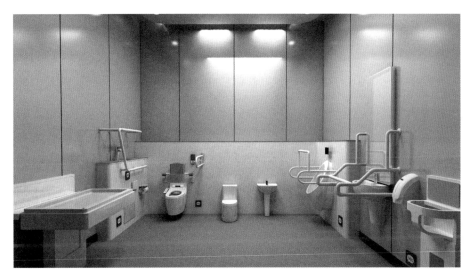

图1-2-14 无障碍卫生间改造设计图

图1-2-15 无障碍爱心驿站设计图

▶ **无障碍改造技术体系 —— 全龄友好人性化配套设施改造**

- **无障碍导视系统设计**

在主要出入口、无障碍通道、停车位、建筑出入口、卫生间、人行天桥、地道等无障碍设施处设置无障碍标识；在无障碍流线以及每个方向发生改变的位置，设置无障碍引导标识，指明无障碍路径和设施位置；在视觉障碍者有需求处提供盲文字符引导（或者语音引导），并因地制宜合理设置信息无障碍的语音设备和设施。

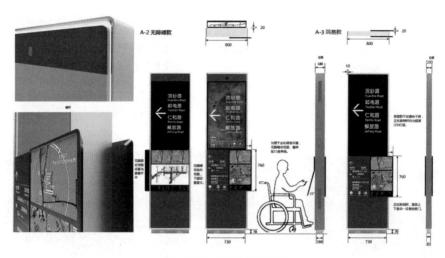

图 1-2-16　无障碍标识设计图

图 1-2-17　无障碍标识实景照片

▶ 无障碍改造技术体系 —— 智慧无障碍改造

- ### 创建智慧街区的无障碍中枢系统

    全面利用5G、大数据、人工智能和"城市大脑"等先进技术，构筑了一个"互联网＋"时代下的智慧化商业街区。步行街建设室内外一体化移动网络全覆盖的无障碍智能服务基础设施体系，建立步行街大数据＋人工智能平台，深度分析、融合和动态挖掘无障碍需求数据，预测人性化服务内容和消费需求。

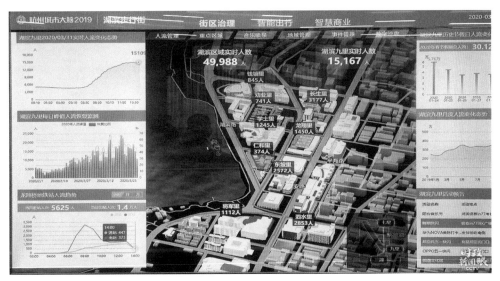

图1-2-18 湖滨步行街大数据图

- ### 智能灯杆语音过街提示、紧急呼叫求助功能

    结合智慧灯杆设置固定智能导盲终端，设置导盲路线发布、紧急呼叫求助、公共广播以及随身设备充电等无障碍服务功能。

图1-2-19 智慧灯杆实景照片

- **无障碍数字地图智慧导航**

  建立可精准定位的无障碍数字导航地图，通过APP软件为轮椅使用者选择吃、购、娱、住、游等合理的无障碍出行路线，并提供商家定位导航和预约无障碍服务。

  建立数字化盲道系统，通过APP软件和高精度近距离定位技术，同时辅助语音提示、商铺POI信息播报等帮助视障人士获取精准的室内外定位导航服务。

图 1-2-20　无障碍数字地图智慧导航照片

- **智慧斑马线**

在步行街与城市道路相邻的路口处设置与过街信号灯联动的夜光提示斑马线，满足在夜间光线较弱的情况下，为有障碍人士提供安全过街提示，并提醒车辆司机减速慢行的功能。

图1-2-21　智慧斑马线实景照片

国家残疾人冰上运动比赛训练馆

中国·北京

导读：国家残疾人冰上运动比赛训练馆建设项目全面落实习近平总书记关于北京冬奥会、冬残奥会筹办工作的指示精神，切实践行十九大报告中残疾人事业发展、健康中国建设等理念。项目总建筑面积31473m²，建设内容包括残奥冰球比赛训练馆、轮椅冰壶训练馆以及综合服务保障楼。为运动员提供训练、住宿、餐饮和医疗康复、科研及教育培训服务。

作为全国唯一专项服务于残疾人冰上运动的场馆，全面贯彻无障碍理念，重点突出残疾人运动员、残疾人观众的需求，优化人员流线和资源配置，既符合国家无障碍建设标准，又满足残疾人冰上运动的特殊无障碍需求，解决了重度移动障碍者大型综合性多层建筑无障碍应急疏散问题，残疾人运动员住宿、训练、比赛的无障碍通行等难题。项目的无障碍系统庞大复杂，设计内容丰富全面，形成了一套系统化、规范化、精细化的图纸说明，有较强的无障碍窗口示范效应和样板作用，成为展示我国人文形象与残疾人无障碍服务保障水平的窗口。

图1-3-1　场馆鸟瞰图

▶ 项目概况

地　　址	北京市顺义区	主 要 功 能	冰球馆　冰壶馆　综合楼
建设时间	2020年	设 计 单 位	中国建筑标准设计研究院有限公司
建筑类型	体育建筑	设 计 时 间	2018年
建筑面积	31473m²	实 施 单 位	中国残疾人体育运动管理中心
容 积 率	1.47	指 导 单 位	中国残疾人联合会
建筑高度	28.45m	主要参与人员	张　欣　丁　杰　胡若谷　焦倩茹
			李姝婷　陈伯如　代丹丹

▶ 总平面图

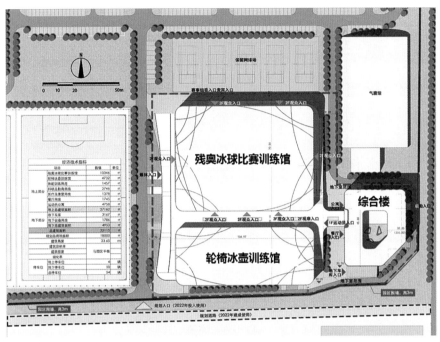

图 1-3-2 总平面图

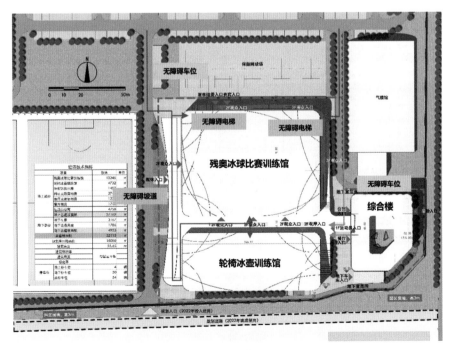

图 1-3-3 无障碍流线图

▶ **标准层平面图**

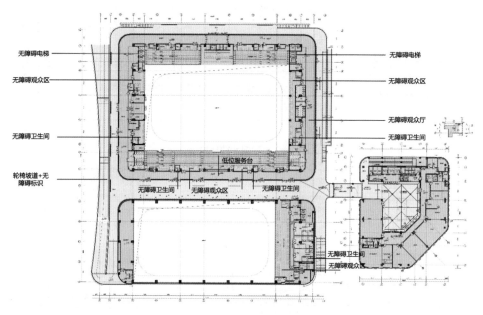

图1-3-4 场馆平面

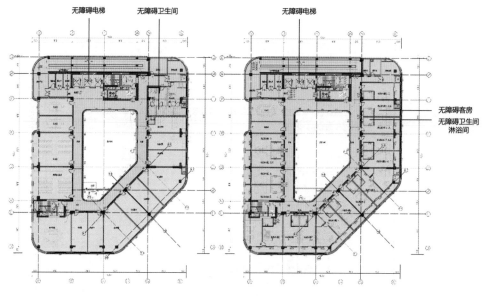

图1-3-5 综合楼平面

设计和研究思路

作为全国首个残疾人冰上项目训练专业场馆，无障碍设计需要发挥引领性作用，设计首先是从残疾人运动员和观众的实际需求出发，依据人体工程学、行为心理学和通用设计理论，对使用者的人体形态、运动机能、行为心理、操作习惯进行研究，思考他们在使用建筑的过程中会遇到的障碍，考虑他们对不同空间的使用需求。设计以安全性、通用性、精细化、系统性、高标准为无障碍设计原则，从场地规划、停车设计、功能空间、设施辅具、标识系统、避险避难六大体系提供无障碍设计的各个方面以及优化细节。最终形成了一套系统化、规范化、精细化的图纸说明，建成了一个充分体现人性化的现代体育场馆。

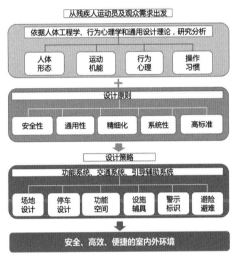

图1-3-6 设计和研究思路

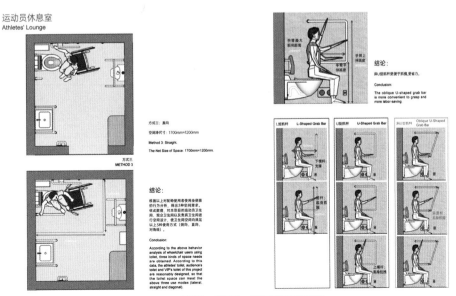

图1-3-7 系统的、规范的、精细化的图纸说明

▶ 技术难点

- **难点一：如何解决重度移动障碍者（包括运动员与观众）大型综合性多层建筑无障碍应急疏散的世界性难题。**

  场馆的服务人群主要分为运动员和观众两类，其中运动员包括残奥冰球运动员和轮椅冰壶运动员，观众包括残疾人观众、老年人观众、孕妇观众及其他观众。考虑到体育活动散场瞬时人流较大，行动不便的观众可能难以快速疏散到安全场地。设计团队在场馆二层设置室外平台，观众可通过观众厅向四个方向疏散到室外平台，该区域为室外亚安全区，行动不便者可在此区域等待救援。应急疏散平台加坡道的方案圆满解决了重度移动障碍者散场的无障碍安全需求。

- **难点二：如何提供轮椅观众进场、观赛、退场的无障碍观赛环境。**

  冰球馆承载比赛功能，在冰球馆二层四周设置200个无障碍座席，将比赛球场围绕在中心，分12个区，每个区域配有独立出入口和无障碍卫生间，不与普通观众共用出入口，保证残疾人观众的疏散安全，避免与普通观众造成流线交叉，相互干扰。考虑到体育建筑瞬时人流较大，行动不便的观众可能难以快速疏散到安全场地。提出室外亚安全区概念，可通过二层的观众厅向四个方向疏散到室外平台，该区域为室外亚安全区，行动不便者可在此区域等待救援。

- **难点三：如何解决重度移动障碍者（运动员）住宿、训练、比赛的无障碍通行需求。**

  场馆与综合楼之间设置架空连桥，避免与场地内的车流、人流交叉，互相干扰，为运动员提供安全、高效地往返于场馆和公寓的便捷通道。

图1-3-8　场馆二层室外平台实景图

▶ 无障碍设计要点1——通行空间无障碍

本着"逢棱必圆、逢角必圆、逢坎必平"的原则，采用全平面设计，即场馆内部所有地面均为平整的，不存在任何高差，方便有障碍人士出入。出入口坡度1:50。

运动员入口为感应平开门，感应门设置有开/闭门的传感器，设置语音提示系统。感应平开门的通行净宽双扇为1.80m，单扇净通行宽度为0.90m。感应门不设置门槛。门上设置扶手，扶手满足不同人群单手抓握或握拳进行操作，操作面与地面的距离为0.90m。

图1-3-9 运动员入口实景图

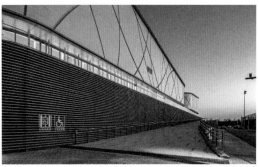

图1-3-10 场馆西侧坡道实景图

场馆的西侧、东侧设置供残疾人观众使用的轮椅坡道；综合楼北侧设置供运动员使用的轮椅坡道。坡面平整、防滑、无反光，设置无障碍标识。西侧主坡道作为观众主入口，会有大量人群同时进入，该坡道纵向坡度为1:20，轮椅使用者可自行上坡，无需他人帮助。轮椅坡道扶手设置在坡道两侧，为双层扶手。所有的扶手下方挡台使用圆角设计，防止尖角对轮椅使用者产生伤害。

图1-3-11 运动员通道实景图

图1-3-12 观众厅实景图

▶ 无障碍设计要点2——功能空间无障碍

运动员休息室共13间。其中残奥冰球比赛馆6间，轮椅冰壶训练馆7间。每间休息室包括更衣区、无障碍卫生间、无障碍淋浴间、教练员休息室、器材室及桑拿间。

根据残奥冰球运动的装具特点及残疾人运动员的使用需求，更衣柜采用开放设计，挂衣杆、底层储藏柜及低位坐凳等设施设计符合使用者需求。

图1-3-13　运动员更衣室实景图

淋浴隔间尺寸为1650mmX1650mm，内外地坪无高差设计，隔间内部保证直径1.50m的轮椅回转空间。设置L形安全抓杆，可折叠安全抓杆、坐凳及紧急求救按钮等设施。

卫生间设计同样处处体现无障碍理念：半自动平移门设计、可移动式浴凳、U型扶手等无障碍设施，细节考虑门洞净距、洗漱台高度、容膝空间等。马桶创新使用了双位排水控制系统，这是此项目自主创新研发的一套控制系统，墙面设有两个控制按钮，解决了上肢残疾或下肢残疾的人士使用马桶不便的问题。

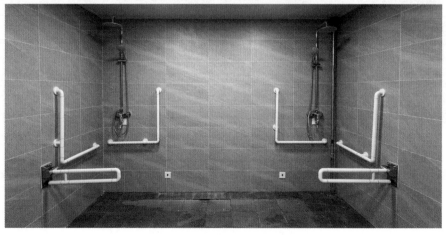

图1-3-14　无障碍淋浴间实景图

图1-3-15　无障碍卫生间实景图

冰球馆承载比赛功能，在冰球馆二层四周设置200个无障碍座席，将比赛球场围绕在中心，分12个区，每个区域配有独立出入口和无障碍卫生间，不与其他观众共用出入口，保证残疾人观众的疏散安全，避免与其他观众造成流线交叉，相互干扰。每个无障碍观众席旁边1:1配了陪同座椅，并且成对布置，可使两个无障碍座席相邻而坐，方便交流。陪同座席使用可移动座椅，不需要的时候可以移开，2个陪同座席移开的宽度可以保证再加1个无障碍座席，因此可根据现场人员使用情况灵活布置。

图1-3-16　无障碍卫生间实景图

图1-3-17　场馆实景图

▶ 无障碍设计要点3——住宿空间无障碍设计

　　运动员公寓包括客房、无障碍卫生间及阳台。每个客房包括两个单人床位、轮椅存放区、两个床头柜及书桌、储物柜、紧急求救按钮、电视、电话等设施。墙角处做护角处理，主要功能设施如储物柜、开关等设置在轮椅使用者触手可及的地方。

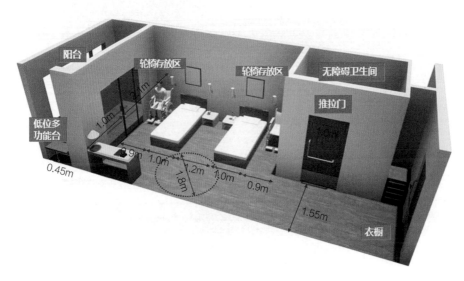

图1-3-18　运动员公寓效果图

无障碍卫生间设有无障碍坐便器、无障碍洗脸盆、淋浴、安全抓杆、镜子、取纸器、毛巾架和紧急呼叫按钮等设施。

图1-3-19　无障碍卫生间实景图（一）　　　　　　图1-3-20　无障碍卫生间实景图（二）

　　客房内设有两个写字台。写字台的底部留有不小于高0.65m，深0.45m的容膝空间。每个床头左右两边各布置一个床头插座。电话安装在床边可触及的地方。与助听器兼容，有来电提示灯。距地0.50m设呼叫按钮。

 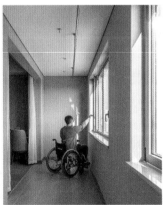

图1-3-21　运动员公寓实景图（一）　　　　　　图1-3-22　运动员公寓实景图（二）

　　将窗户把手高度设置在110cm左右，比正常窗户把手低20cm，采用旋转式开关设计，运动员坐在轮椅上也能方便的开关窗户。

▶ 无障碍设计要点4 —— 标识信息无障碍设计

标识设计，主要考虑方便残疾人快速、明确找到目的地，能够直达目标。采用高、中、低三个层次的标识布局。高位主要是重要房间的指示，如卫生间，采用了三角牌，方便在各个角度能够辨识。中间位置设置主要指引标识，以便轮椅使用者和其他人士均能够清晰查看；低位采用了地贴，主要对中间位置指引标识的补充，使指引标识更为连贯。

图1-3-23　无障碍标识

▶ 无障碍设计要点5 —— 避险避难无障碍设计

场馆的服务人群主要分为运动员和观众，其中运动员包括残奥冰球运动员和轮椅冰壶运动员，观众包括残疾人观众、老年人观众及其他观众。考虑到体育活动散场瞬时人流较大，行动不便的观众可能难以快速疏散到安全场地。设计团队在场馆二层设室外平台，向四个方向疏散到室外平台，该区域为室外亚安全区，行动不便者可在此区域等待救援。应急疏散平台加坡道的方案解决了重度移动障碍者散场的无障碍安全需求。

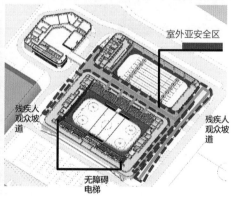

图1-3-24　场馆避险避难

- **综合楼：**

无障碍坡道：综合楼北侧设置无障碍坡道，当在紧急疏散的情况下运动员可以通过坡道疏散。

避难平台：综合楼2-7F每层设置避难平台，方便行动不便的运动员及工作人员在紧急情况下疏散。

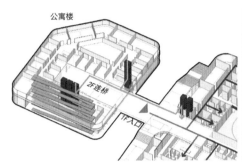

图1-3-25　综合楼避险避难

2019年中国北京世界园艺博览会永宁阁
中国·北京

　　导读：永宁阁是2019年中国北京世界园艺博览会的地标性楼阁建筑，坐落于园区中央的天田山顶，采用中国传统形式，辽金建筑风格，高台阁院式布局。山顶高台64m见方，永宁阁雄踞中央，四周缭以门庑、回廊和角亭。主体建筑永宁阁地下一层，地上部分明两层、暗一层，坐落于1.2m高的须弥座台基上，建筑高度27.6m，连同脚下山体高度总计52.6m，为整个园区中的制高点。

　　永宁阁将无障碍设计与传统建筑设计有机融合，在营造中国传统建筑古典形象和审美意境的同时，也充分考虑了无障碍使用需求，在仿古建筑无障碍设计方面做出了有益探索。在不影响传统建筑法式规制的前提下，通过设置与古典要素融为一体的坡道、坡廊、可拆卸门槛等设施，妥善解决了无障碍通行问题，体现出具有中国特色的人文关怀。

图1-4-1　永宁阁建成实景

▶ 项目概况

地　　　址	北京市延庆区	**建 筑 高 度**	27.6m
建设时间	2017—2019年	**主 要 功 能**	登高　观景
建筑类型	风景园林建筑	**设 计 单 位**	北京林业大学园林学院
建筑面积	2825m²		北京市园林古建设计研究院有限公司

主要参与人员　董　璁　毛子强　孙丽颖　崔凌霞　孔　阳
　　　　　　　　张　杰　白峻隆　曹　晔　唐　健　霍　鹏
　　　　　　　　李　科　刘　洁　陈旭明　朱　宇　王路阳
　　　　　　　　曲　虹　王　冰

▶ 永宁阁概况

　　基于北京建都始于辽金两朝的历史事实，永宁阁采用中古时期的建筑风格，但并未照搬历史上的某一具体楼阁，而是在对我国中古时期楼阁名作（包括绘画所见）加以综合研究的基础，以《营造法式》为依据，进行适合项目特点的再创作。依据天田山的体量和走势，将建筑承台置于山顶靠南一侧，山体东西两侧布置盘山车道，使轮椅和消防车可以直达承台北侧，经游廊豁口进入山顶廊院。承台正方形，居中高阁耸立，四周廊庑拱卫，象征四海升平，国泰民安。

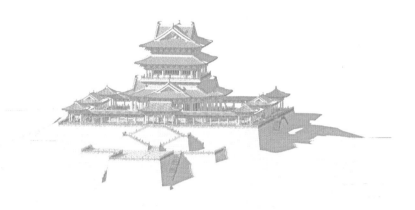

图1-4-2　永宁阁高台阁院式布局

图1-4-3　永宁阁南北剖面图——建筑层数明二暗一、地下一层

▶ 无障碍技术难点

- **难点一：屋有三分，阶为下分**

中国传统建筑的台基是土木结构不可或缺的防水和防潮构造，也是中国建筑的典型特征之一，在视觉上为建筑提供了坚实的底座，却给无障碍设计带来不小的麻烦。

- **难点二：院落布局，遇门有槛**

中国建筑的门窗要安装在柱额上需用槛框作为过渡，其中竖者为框，横者为槛。紧贴地面，卡在柱脚之间的称为下槛，是安装和固定大门、隔扇的重要构件，却成为轮椅通行的障碍。

- **难点三：楼面狭小，楼梯局促**

古建筑一般体量不大，面积有限，要在兼顾使用的同时，满足安全疏散和无障碍设计要求，存在一定难度。

▶ 无障碍建设目标

从方案阶段开始进行通盘考虑，做好顶层设计，力争使无障碍通行设施做到：

（1）贯穿全流程，不留断点。

（2）实现全覆盖，不留死角。

（3）与古典要素融为一体，不留痕迹。

▶ 无障碍建设策略

（1）与消防设计相结合：利用盘山车道使轮椅可以抵达山顶高台北侧，经游廊豁口进入院内。

（2）无障碍设施的古典化：无障碍坡道与建筑台基、游廊地面一体化，变临时性为永久性。

（3）古典要素的无障碍化：建筑门槛设计为可拆卸活动式。

▶ 永宁阁无障碍设计

将游览过程分为**上山**、**进院**、**登阁**、**入室**四个节点，进行通盘考虑和顶层设计，实现无障碍全覆盖。

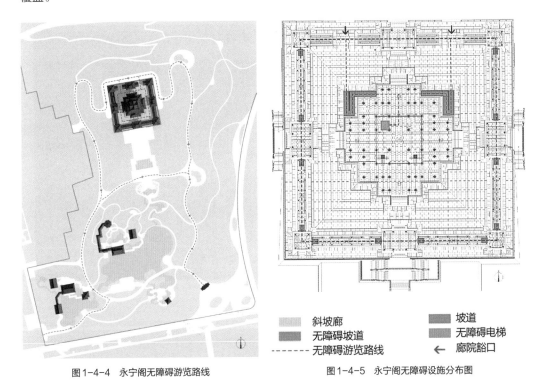

斜坡廊　　　　　坡道

无障碍坡道　　　无障碍电梯

------ 无障碍游览路线　　← 廊院豁口

图1-4-4　永宁阁无障碍游览路线　　　　图1-4-5　永宁阁无障碍设施分布图

图1-4-6　永宁阁鸟瞰图

▶ **无障碍设计节点1——上山**

　　永宁阁坐落于25m高的天田山顶，天田山东西两侧的消防车道同时兼作无障碍登山坡道，位于山脚下的四柱牌楼未设台基，以便轮椅顺利通过并直达高台北侧的观景平台。

图1-4-7　山脚下的四柱牌楼

图1-4-8　登山坡道（一）

图1-4-9　登山坡道（二）

图1-4-10　登山坡道（三）

图1-4-11　高台北侧观景平台

▶ 无障碍设计节点2——进院

　　山顶承台东、南、西三面被门庑亭廊连续包围，唯北侧将左右游廊分别于中部断开，作为轮椅和消防车出入口。豁口两侧的半截游廊顺势处理成坡廊，成为进入四周廊庑的入口。

图1-4-12　廊院北侧入口

图1-4-13　廊院北侧坡廊

图1-4-14　亭廊交接坡道

图1-4-15　永宁阁高台北侧出入口及无障碍设施效果图

图1-4-16　永宁阁高台北侧出入口及无障碍设施

▶ 无障碍设计节点3——登阁

　　建筑主体位于1.2m高的须弥座台基上，首层四面出抱厦，台基随之四面突出。轮椅坡道左右对称布置在台基北侧的两个窝角，坡道栏杆采用与台基勾栏相同的材质和形式，望之浑然一体。

图1-4-17　永宁阁主体及登阁坡道

图1-4-18　无障碍坡道

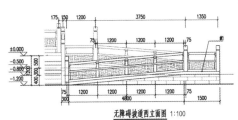

无障碍坡道西立面图 1:100

图 1-4-19 无障碍坡道西立面

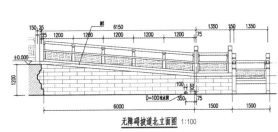

无障碍坡道北立面图 1:100

图 1-4-20 无障碍坡道北立面

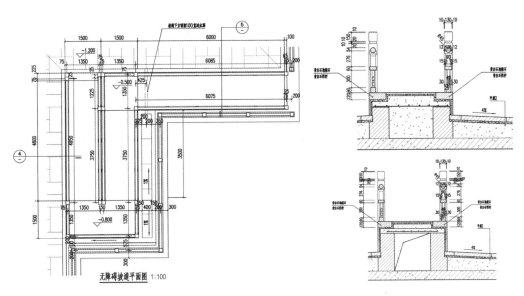

无障碍坡道平面图 1:100

图 1-4-21 无障碍坡道平、立面图及详图

▶ 无障碍设计节点4——入室

　　首层及二层的所有包铜下槛均为可拆卸的活动门槛，上起下落，拆装两便，在保证外观完整性的同时，为无障碍通行提供了便利。

图1-4-22　永宁阁首层活动门槛

图1-4-23　包铜门槛

图1-4-24　门槛上起下落安装

室内设无障碍电梯一部，经电梯上至二层，即为全园观景最胜之地。

图1-4-25　无障碍电梯（一）

图1-4-26　无障碍电梯（二）

图1-4-27　永宁阁首层室内

图1-4-28　永宁阁二层室内

图1-4-29　永宁阁二层回廊（一）

图1-4-30　永宁阁二层回廊（二）

国家游泳中心冬奥会、冬残奥会无障碍环境建设提升项目
中国·北京

　　导读：国家游泳中心作为2008年奥运会水上运动比赛场馆，在夏季奥运会后作为奥运遗产保留，承办体育赛事、弘扬奥运精神、宣传爱国主义，并保持了饱满活跃的运营状态。为了执行节俭办奥运的可持续发展的策略，给世界人民带来全新的感受，将水立方变身为"冰立方"，作为2022年冬奥会、冬残奥会冰壶比赛场馆。

　　国家游泳中心无障碍环境建设提升项目依托冬奥会、冬残奥会冰壶场馆改造工程实施，项目实施后不仅能够满足冬奥会、冬残奥会冰壶比赛场地条件，还能够提供优良的无障碍环境，同时还可为场馆日常经营及赛后可持续运营提供长足的保障。项目覆盖国家游泳中心全场馆，包括场馆外围及前后院、场馆各出入口、首层公共区域、竞赛场地区域。项目功能涉及无障碍道路、无障碍停车位、无障碍出入口、无障碍电梯、无障碍坡道、无障碍卫生间、无障碍更衣间、低位服务台、语音提示系统、无障碍标识系统等。场馆无障碍环境建设提升实施后，形成了完善的无障碍设施体系，提高了无障碍设施服务标准，在冬奥会、冬残奥会比赛期间及今后场馆日常运营中能够提供更多的无障碍便利服务，共同维护社会无障碍环境建设及服务。

图1-5-1　场馆实景图

▶ 项目概况

地　　址	北京市朝阳区	业主单位	北京市国有资产经营有限责任公司
改造时间	2019—2020年	设计单位	北京市建筑设计研究院有限公司
建筑类型	体育建筑	施工单位	中建一局集团建设发展有限公司
建筑面积	100553m²	运行单位	北京国家游泳中心有限责任公司
容 积 率	1.53	主要参与人员	马卫国　杨奇勇　郑　方　李云峰
建筑高度	30.74m		齐志广　孙卫华　刘　军　车庭枢
主要功能	游泳馆　冰壶馆		董晓玉　孙德远　刘振铎　冯　喆

▶ 设计规划

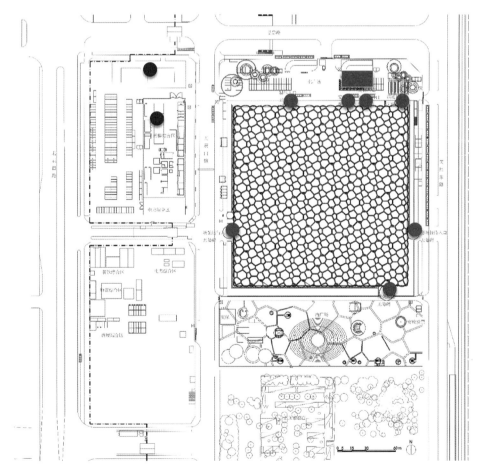

图1-5-2　总平面图

无障碍出入口
Existing Accessibility Toilet

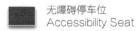

无障碍停车位
Accessibility Seat

无障碍卫生间（更衣室）
Accessibility Toilet

图1-5-3　总平面图示意图

▶ 设计规划

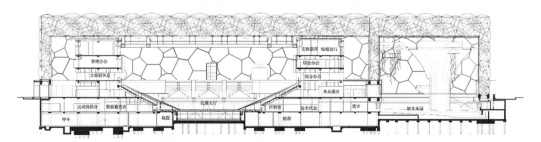

图1-5-4　剖面图

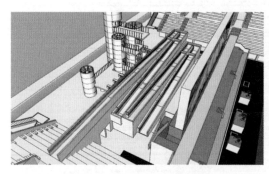

图1-5-5　运动员无障碍坡道效果图

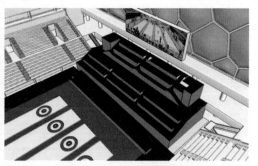

图1-5-6　教练席无障碍坡道效果图

图1-5-7　运动员更衣间效果图

▶ 技术路线

　　场馆无障碍设施提升方面依据"可持续""轻建造"的核心理念，进行顶层设计，并由此明确了水立方冬奥无障碍需求，将场馆的出入口门型、无障碍卫生间、永久运动员更衣室、永久观众看台无障碍座席、奥运大家庭无障碍平台等几项内容列入永久改建的范围；将临时看台（含无障碍座席）、冰壶场地（含坡道）、运动员临时无障碍坡道、临时运动员更衣室（集装箱式）等列入可逆转换和重复利用的临时设施范围；将无障碍电梯、无障碍扶手、无障碍停车位、盲道、无障碍服务设施等列入设备设施更换升级的范围。在保证水冰功能复合的基础上，实现场馆设施的整体提升和可逆转换，以不同的措施手段最终实现无障碍要求的全面满足。

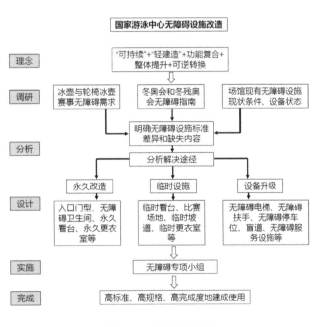

图1-5-8　技术路线分析图

▶ **技术亮点**

　　国家游泳中心创新应用起集装箱式运动员更衣间——对退役集装箱进行低碳环保的功能模块化改造，通过"快闪"模式进场安装，满足赛事运行时的运动员更衣间需求。同样按照无障碍标准进行设计建造，满足冬奥会、冬残奥会无障碍功能需求。

　　赛后，集装箱模块可以无痕移除，还原场馆运营空间，且退出的集装箱模块还能作为场馆的客服咨询、休息餐饮、商品售卖等公众服务设施使用，甚至场馆还可以通过租赁、出售集装箱模块实现经济收益。

图1-5-9　集装箱的可持续利用

▶ 无障碍特色 1——无障碍坡道提升

"相约北京"冬季体育系列测试活动冰壶及轮椅冰壶比赛，所搭设的运动员坡道是按照 1∶20 搭建的。

图 1-5-10　4月搭设的运动员无障碍坡道实景图

图 1-5-11　10月搭设的运动员无障碍坡道实景图

场馆的东侧设置供轮椅运动员上下场使用的轮椅坡道。经过测试赛测试后，场馆对运动员坡道进行优化，实现使用者视野更开阔，坡道坡面平整、防滑、无反光，并设置无障碍标识。该坡道纵向坡度为 1∶20，轮椅运动员可自行上坡，无需他人帮助。轮椅坡道扶手设置在坡道两侧，为双层扶手，扶手更加的精巧、方便使用。

▶ 无障碍特色2——无障碍运动员更衣间提升

在运动员区补充使用的10套临时可周转集装箱更衣间，卫生间尺寸为2220mm×2670mm，内外地坪无高差设计，卫生间内部保证直径1.50m的轮椅回转空间。设置L形安全抓杆、可折叠安全抓杆、浴凳及紧急求救按钮等设施。运动员集装箱更衣间电动平开门、U形扶手、洗漱台高度、容膝空间充分为残疾人运动员考虑，提供更加舒适、方便的环境。

图1-5-12　无障碍更衣间运行图纸

图1-5-13　运动员按摩间实景图

图1-5-14　电动平开门实景图

图1-5-15　更衣室卫生间内实景图

▶ 无障碍特色3——无障碍观赛提升

比赛大厅承载冬奥会、冬残奥会冰壶比赛功能，在每个客户群区域都设有各自的观赛无障碍座席，同时在旁边配置了1:1的陪同座席。各个客户群区域都满足"平进平出"的原则，设有独立的无障碍卫生间、对突出的看台踏步进行倒圆角处理，满足各类客户群的使用需求，同时对各客户群无障碍席位进行了视线分析，所处位置满足观赛条件。

图1-5-16　测试赛现场实景图

图1-5-17　无障碍观众实景图

▶ **无障碍特色4——无障碍卫生间提升**

场馆通过提升升级媒体区、运动员区、竞赛管理区、场馆运行区、奥林匹克大家庭区等区域相关无障碍卫生间的设施，满足无障碍卫生间相关要求。改造升级首层观众无障碍卫生间，并增加母婴、第三卫生间功能，满足无障碍卫生间相关要求。无障碍卫生间设置自动感应门同时配置了中英语音提示功能，卫生洁具及扶手等设施标准按国家规范配置，并配备紧急呼叫铃供无障碍应急使用。洗手盆镜子采用倾斜方式安装，满足各类无障碍人士使用。

图1-5-18 无障碍卫生间内效果图

图1-5-19 感应式电动平移门效果图

图1-5-20 无障碍卫生间全景效果图

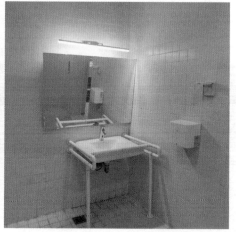

图1-5-21 无障碍洗手盆效果图

无障碍卫生间设有无障碍坐便器、无障碍洗脸盆、淋浴、安全抓杆、镜子、取纸器、毛巾架和紧急呼叫按钮等设施。

▶ 无障碍特色5——无障碍服务设施提升

完善公共区域无障碍设施，首层5号、8号门入口等区域设置必要的无障碍专用设施，包括低位服务柜台、可以放置轮椅的无障碍休息区等。在场馆公用部位，设置国际通用的无障碍提示标识、无障碍标志及信息，设置定位平面示意图、电子显示屏，设置语音提示设备（电梯语音提示、卫生间应急呼叫、卫生间语音提示）。

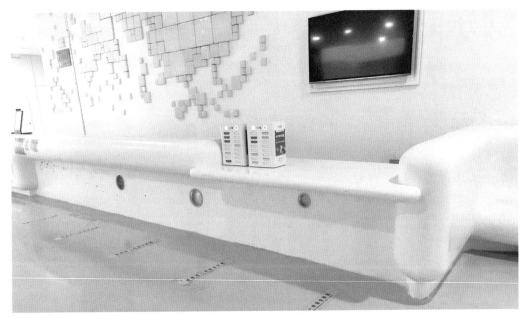

图1-5-22　低位服务台效果图

▶ 总结

水立方场馆无障碍环境建设升级后，形成了完善的无障碍设施体系，提高了无障碍设施服务标准，不仅能够满足场馆冬奥会、冬残奥会比赛运行需求，还将更好地为赛后场馆可持续利用提供长期保障。无障碍设施不仅充分展现中国残疾人事业的发展水平和中国社会文明程度，也让来自国外的运动员和官员感受到中国作为东道主的人文关怀。

测试赛开赛当天，国家游泳中心场馆运行稳定、无障碍设施运行良好，世界冰壶联合会官员、国外参赛队员及随队官员对赛事筹办工作给予了高度肯定。世界冰壶联合会主席凯特·凯斯尼斯称赞："国家游泳中心是我经历过的历届冬奥会中最棒的冰壶场馆。运动员更衣室、无障碍坡道等设施的设计非常精巧，考虑十分周到，我对世锦赛和冬奥会的成功举办充满信心。"游泳中心将结合2021年两次测试赛成功经验，圆满完成2022年冬奥会、冬残奥会任务。

06A
■ 坚持问题导向
■ 实现全龄友好
■ 保留场所精神

北京市"小空间 大生活—百姓身边微空间改造行动"之适老无障碍改造
中国·北京

党群共建
欢乐之家

导读：院内现状杂物及建筑垃圾随意堆放；线缆横飞、杂乱，安全隐患极大；景观绿化未能提供宜人空间，严重缺乏供老年人、儿童活动和交流的空间；800m² 配套建筑老旧、利用率低，被"僵尸"自行车占满；室外电动车随意拉线充电，自行车无序停放，垃圾杂物严重占用居民公共活动空间。

图 1-6-1 棋苑空间

▶ **项目概况**

大栅栏街道厂甸 11 号院内公共空间

地　　址	北京市西城区大栅栏街道厂甸 11 号院内公共空间
改造时间	2021 年
场地规模	3134m²

项目管理单位	北京市规划和自然资源委员会 北京建筑大学高精尖中心 中国中建设计集团有限公司
设计单位	北京汉通建筑规划设计有限公司
施工单位	北京兴宏泰建筑工程有限公司
主要参与人员	迟义宸　张永仲　栾景亮　薛　峰　张大玉 李雪华　喻　晓　李加磊　吴百超

▶ 改造前存在问题

改造前，场地存在的具体问题可归纳为："难、困、忧、烦"四大类。

（1）难：居民室外休闲交往难、活动难、出行难、如厕难、健身难；线缆入地难，安全隐患大。

（2）困：非机动车、杂物强占室内外空间，居民出行之困；公共空间绿化杂乱、品质低下，居民休闲活动之困。

（3）忧：电动车充电线随意拉线，消防安全之忧；休闲、健身设施老化，使用安全之忧；建筑垃圾常有长存，卫生健康之忧。

（4）烦：公共空间被私人侵占，活动空间缺失之烦；无室内休闲交流场所之烦；室外地面常修，出行不便之烦。

图1-6-2　户外休闲

图1-6-3　户外交往

图1-6-4　充电线"飞线"

图1-6-5　"僵尸"自行车

图1-6-6　违搭违建

图1-6-7　地面常修

▶ **项目总图&鸟瞰**

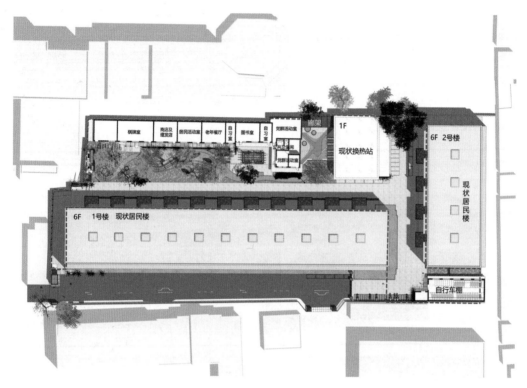

图1-6-8 项目总平面图

图1-6-9 鸟瞰图

▶ 设计与研究思路

图 1-6-10　改善杂乱布置

激活现有可利用室内空间，补短板以满足百姓日常生活需求为导向完善生活配套设施。将安全因素融入方案设计，改善电线杆杂乱布置、消防通道被无序占用等情况。

图 1-6-11　优化功能布局

明确使用需求，优化功能布局，解决场地空间缺乏规划，居民使用混乱、活动互相干扰等问题。

图 1-6-12　配置功能性空间

在保留树木的前提下，将原有的盆景式绿化改造成可以充分使用的开放空间，辅之以小广场、漫步道、景观廊和健身设施等功能性空间。

▶ 项目总图&鸟瞰

特色 1
通行无障碍改造

特色 2
社交空间适老化改造

特色 3
活动空间无障碍改造

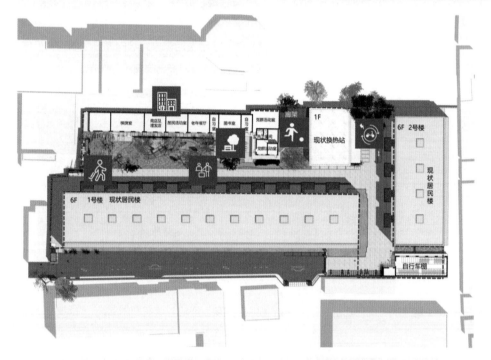

特色 4
建筑无障碍改造

特色 5
完善公共服务设施

特色 6
配套设施无障碍

图 1-6-13　项目总平面图

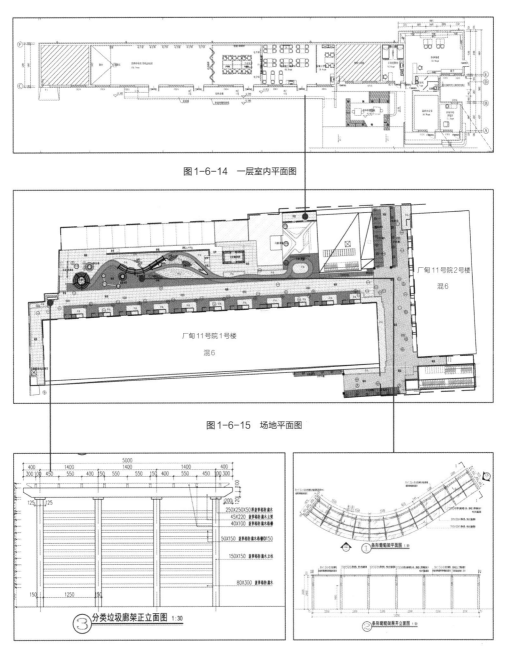

图1-6-14　一层室内平面图

图1-6-15　场地平面图

图1-6-16　分类垃圾廊架　　　　　　　　图1-6-17　条形葡萄架

▶ 特色1：通行无障碍改造

改造前场地内没有无障碍流线，建筑出入口、社区活动空间轮椅都无法顺利通行。改造后形成完整的无障碍流线，社区活动场地、公共空间、无障碍卫生间、建筑出入口，轮椅都可以无障碍通行。

图1-6-18　改造后无障碍通行　　　　　　　　　　　图1-6-19　改造前通行

▶ 特色2：社交空间适老化改造

西城区方案改造原有低效的活动设施，增设更加舒适的休闲座椅，创造更有活力的棋苑空间。棋苑空间与场地内无障碍路线相连接，有高差处结合景观环境以无障碍坡地形连接，轮椅坡道两侧结合景观环境设置助力扶手。

图1-6-20　改造后社交空间　　　　　　　　　　　图1-6-21　改造前社交空间

▶ 特色3：活动空间无障碍改造

西城区厂甸11号院内改造前换热站西侧小院长期被私人物品占用，无法使用，社区内缺少儿童活动场地。清除原有车棚功能单一，社区内缺少多功能室内活动场地。换热站西侧废弃物腾出空间建设儿童专属游戏场所，铺设塑胶地面，让孩子安全、妈妈放心。

图1-6-22　改造后运动空间

图1-6-23　改造前被侵占的换热站

▶ 特色4：建筑无障碍改造

西城区改造后建设无障碍坡道，配合栏杆扶手，一体化无障碍设施设计，实现公共空间全龄友好品质提升。

图1-6-24　改造后公共建筑无障碍出入口

图1-6-25　改造前公共建筑出入口

▶ 特色5：完善公共服务设施

西城区通过清理、整治院落，为电动车停车腾出空间，增设室外电动车充电桩，消除拉线充电安全隐患。

图1-6-26　改造后电动车充电

图1-6-27　改造前公共空间

▶ 特色6：配套设施无障碍

西城区厂甸11号院内原有社区内卫生间年久失修，上、下水不通，不能使用。整治、增设无障碍卫生间，解决老年人及高楼层居民室外活动中入厕难的问题。改造后实现12根电线杆的架空线缆入地，消除安全隐患，监控、灯杆等多杆合一，极大地改善场地的硬件环境，减少对场地人行流线的干扰。

图1-6-28　改造后：线缆入地、多杆合一

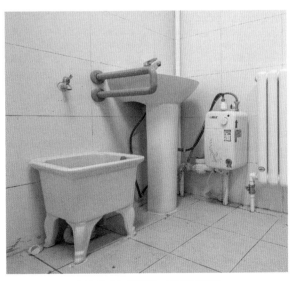

图1-6-29　改造后：无障碍卫生间

06B
- 坚持问题导向
- 实现全龄友好
- 保留场所精神

北京市"小空间 大生活—百姓身边微空间改造行动"之适老无障碍改造
中国·北京

欢声笑语的院子

导读：院内现状场地受高层住宅"凹"形布局影响，全年缺少阳光；场地不平整、障碍较多、安全隐患较大；杂物及建筑垃圾随意堆放；景观绿化未能提供宜人空间，严重缺乏供老年人、儿童活动和交流的空间；室外电动车随意拉线充电，自行车无序停放；邻里关系极度紧张。

图1-6-30 欢声笑语的院子

▶ **项目概况**   **北新桥街道民安小区内公共空间**

地　　址 东城区北新桥街道 民安小区内公共空间	**项目管理单位** 北京市规划和自然资源委员会 北京建筑大学高精尖中心 中国中建设计集团有限公司
改造时间 2021年	
场地规模 4113m²	**设 计 单 位** 深圳市城市规划设计研究院有限公司
	施 工 单 位 江苏中益建设集团有限公司
	主要参与人员 迟义宸　张永仲　栾景亮　薛　峰　张大玉 李雪华　单　樑　藏　勇

▶ 改造前存在的问题

改造前，场地存在的具体问题可归纳为："难、困、忧、烦"四大类。

（1）难：居民室外休闲交往难、活动难、出行难、健身难。

（2）困：生活垃圾随意堆放，垃圾收集设施简陋，环境卫生恶劣之困；机动车、非机动车乱停乱放，强占消防通道、人行空间，居民出行之困。

（3）忧：建筑垃圾常有长存，侵占大量公共空间，公共卫生之忧；配套服务设施缺少、利用率低，生活不便之忧。

（4）烦：活动空间全年缺少阳光，活动空间狭小之烦；活动设施缺乏之烦；邻里关系紧张之烦。

图1-6-31　改造前公共空间

图1-6-32　改造前非机动车停车

图1-6-33　改造前垃圾乱堆

图1-6-34　改造前机动车停车

▶ **项目总图**

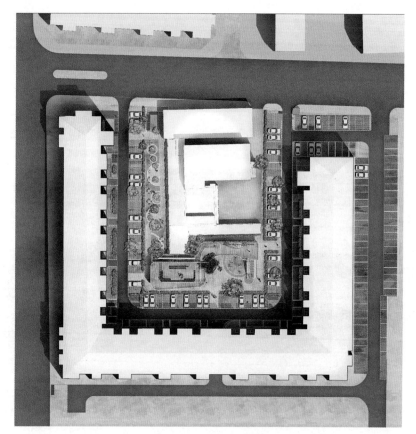

图1-6-35　项目总平面图

图1-6-36　鸟瞰图

从不同年龄段居民的需求出发，精细化设计利用空间，打造多层次、和谐安全的活动交往空间，使邻里关系更融洽。

图1-6-37　打造活动空间

保留场地内的大树，利用廊架下方空间设置雕刻文化墙，传承了文化记忆，增强了百姓的归属感和认同感。

图1-6-38　传承文化记忆

二层活动平台为老年人、儿童、残疾人提供了可达性好且充满阳光及趣味性的活动、交往场所。

图1-6-39　提供活动平台

▶ **无障碍系统分析**

特色1
通行无障碍改造

特色2
社交空间适老化改造

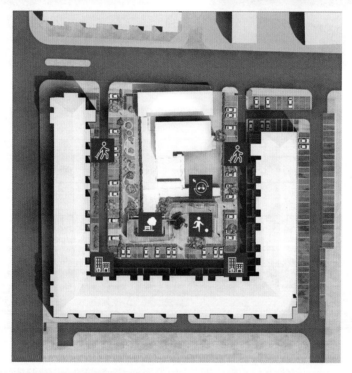

特色3
活动空间无障碍改造

特色4
建筑无障碍改造

特色5
完善公共服务设施

图1-6-40　无障碍系统分析

▶ 标准层平面图＆主要立面剖面图

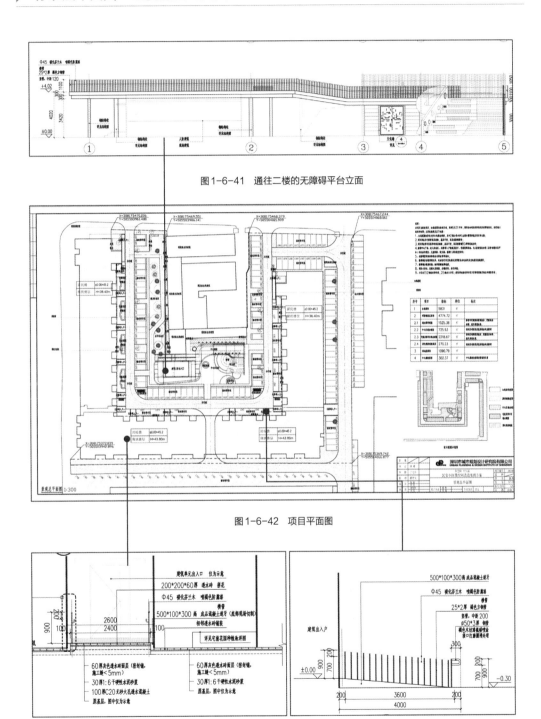

图1-6-41　通往二楼的无障碍平台立面

图1-6-42　项目平面图

图1-6-43　无障碍单元入口平面图

图1-6-44　无障碍扶手立面图

▶ 特色1：通行无障碍改造

东城区方案利用低效无用空间，设置残疾人坡道，配合扶手，保障前往二层平台通行便捷。因地制宜，在有限的空间环境里设计二层休闲平台，老人、残疾人、儿童通过坡道能顺利到达，居民在此能交流互动、休闲停留，并能结合廊架进行书画、摄影等才艺展示。

图1-6-45　改造后无障碍通道　　　　　　　　　　图1-6-46　改造前灰色空间

▶ 特色2：社交空间适老化改造

东城区方案改造后整治、高效且综合利用场地现状，建设多种休闲服务设施，为居民提供一个功能复合、空间丰富的集中性活动空间。结合高差设计台阶、滑梯，为儿童提供更加具有趣味性的游戏空间。在儿童活动场地周边设置可供老年人休息的座椅。

图1-6-47　改造后活动空间　　　　　　　　　　图1-6-48　改造前公共空间

▶ 特色3：活动空间无障碍改造

东城区方案利用场地西北侧建设运动长廊，为居民提供轻量化的休闲运动场地，解决了居民无处健身活动的问题。运动场地周边设置可供老年人休息的座椅，老年人健身活动器械与儿童活动场地结合设置，形成与儿童共处的户外活动场所。

图1-6-49　改造后运动场所

图1-6-50　改造前乱停乱放

▶ 特色4：建筑无障碍改造

东城区民安小区内建筑出入口均改造为坡道且加装无障碍坡道扶手，实现轮椅、婴儿车、老年人安全出行。

图1-6-51　改造后建筑无障碍出入口

图1-6-52　改造前建筑出入口

▶ **特色5：完善公共服务设施**

东城区民安小区原单元入户两侧被非机动车占据，居民出行难，安全隐患大。改造后统一规范非机动车停车，利用廊下空间建设为集中的非机动车停车区，配置非机动车充电桩，为居民提供便捷的停车、充电服务。

图1-6-53　改造后电动车充电

图1-6-54　改造前电动车充电

▶ 总结

1. 坚持党建引领，以问题为导向，多主体共同参与设计实施

以解决困扰百姓多年的困难为导向，充分利用消极空间，拓展和优化公共空间，合理安排垃圾分类回收设施，保证非机动车有序停放和电动车充电安全，切实解决公共空间匮乏、杂乱、公共空间无阳光，以及困扰老百姓生活的实际问题，改善和提升百姓生活环境品质，守住安全底线，重塑社区空间活力。

2. 坚持无障碍设施全覆盖、补齐社区短板，营造和谐友好社区

平整场地，消除场地高差，合理规划场地内坡道、扶手、座椅等无障碍设施，精心设计单元入户门口处坡道和栏杆，保证老年人、残疾人、儿童的活动不受限制，切实提高老百姓的幸福感、获得感、安全感。

3. 打造高标准、高品质、功能复合的活动空间，传承场地文化记忆

保留场地内的大型树木，为百姓提供充满阳光的活动空间、可遮风避雨的廊下空间、可充电的非机动车停放空间、可休闲互动的树下停留空间。利用高差设置状元梯，利用廊架设置雕刻文化墙，传承了居民的感情寄托、社区历史、生活记忆，将相关文化元素融入设计理念和设计表现中，增强老百姓的归属感和认同感。

07 建设银行上海浦东分行营业部无障碍环境建设提升工程

中国·上海

导读： 中国建设银行上海浦东分行营业部所在的世界金融大厦是一座建筑年龄超过20年的办公楼，是陆家嘴第一批的银行大楼，内部设施比较旧，管道也错综复杂，无障碍设施的改造难度很高。营业部按照中国银行业协会《银行无障碍环境建设标准》要求，结合网点实际无障碍设施情况，在上海市残联、上海市银行同业公会和上海市无障碍环境建设专家的指导下，采用现代的手法打造智慧、科技、未来的空间效果，提升无障碍环境，通过解决网点物理环境和人文环境，实现了特殊群体客户从全程人工陪同办理业务到自主完成业务需求的转变。中国残联吕世明副主席前来视察参观时也对营业部的无障碍环境建设连连称赞。

图1-7-1 建设银行上海浦东分行营业部所在的世界金融大厦

▶ 网点概况

　　中国建设银行上海浦东分行营业部成立于1990年9月，30年来，营业部在上海市分行、浦东分行党委的正确领导下，开拓创新、锐意进取，以良好的业绩、优质的服务领先于系统和同业。营业部地处上海浦东新区陆家嘴金融贸易区的核心区域，营业面积2500m²，是浦东新区唯一一家总行级旗舰网点，也是浦东分行50余家对外营业网点的龙头和标杆。现有员工46名，其中党员11名，青年员工占总人数的70%以上，主要担当了网点大堂和柜面一线力量。营业部业务涵盖对公、对私的各项人民币业务、对公、对私国际结算业务、自贸区结算业务、跨境人民币结算业务等；资本项目外汇登记分行指定网点；是分行四大出入境服务中心之一；同时也是全国唯一一家信用卡中心预结汇网点。

营业部从实际物理格局出发，规划残疾客户合理办理业务路线，并设计符合该人群使用的空间，为其进网点办理业务做到无障碍。项目在无障碍环境建设上分为物理环境建设和人文环境建设。

物理环境建设：根据现场实际情况综合考量，更新升级网点软硬件设施，整体风格以简洁明快的色调、点线面的融合与交织，软饰的细节搭配，展现百佳网点的标杆形象。

人文环境建设：在各个功能区域建设中为视力残疾、听力残疾、言语残疾等残疾人群和老年客户提供语音、文字提示、盲文、手语等信息交流服务。

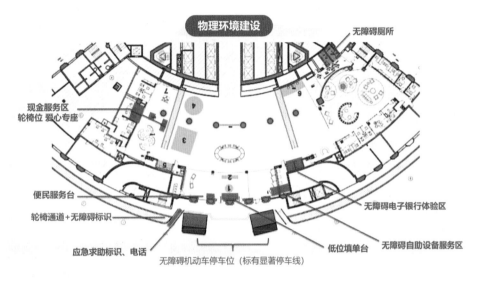

图 1-7-2 物理环境建设示意图

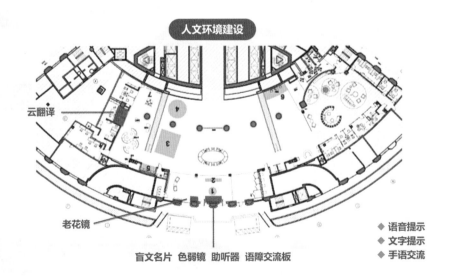

图 1-7-3 人文环境建设示意图

▶ 物理环境建设 —— 室外轮椅坡道

营业部所处大楼建成于
1990年代，门口两侧虽然
分别设置了坡道，但其坡道
宽度、扶手栏杆安装位置及
尺寸不符合《银行业无障碍
建设标准》中轮椅坡道要求，
为保证1200mm净宽度的条
件下，营业部针对该坡道现
场实际情况，减少花坛面积，
确保残疾人士的使用。

图1-7-4　室外轮椅坡道

▶ 物理环境建设 —— 室外无障碍机动车停车位

陆家嘴区域的停车位是十分紧张的，
考虑开车来网点的残疾人客户停车及进
网点的通行方便，营业部让出员工停车
位，专门留出两个"黄金车位"给残疾
客户，方便他们能从无障碍通道上直接
进入网点。无障碍坡道旁边规划出进网
点行走路线最短的无障碍机动车停车位，
并在该地面专门按标准绘制了停车线、
轮椅通道和设立无障碍标志。

图1-7-5　室外无障碍机动车停车位

▶ 物理环境建设——无障碍引导台

　　无障碍引导台设置在网点入口醒目位置处，采取低位设计，在细节处考虑了肢体残疾人的容膝空间。无障碍引导台能满足残疾人士取号、填单需求，还配有盲人电话、振动式呼叫牌底座、可携式电话扩音器、助盲卡等九项无障碍服务设施。

图1-7-6　无障碍低位叫号机

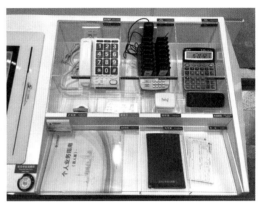

图1-7-7　无障碍服务设备

▶ 物理环境建设——无障碍自助设备服务区

　　自助服务区的安全仓比普通的大近一倍，可以方便轮椅客户进出。安全门也一改往常的单向开门，设计为双向都可以拉开，使用起来更为便捷，满足残疾人士的自主操作。中国残联吕副主席视察时提了一个建议，在安全门中间再增加一个门把手，方便轮椅客户进入和关门。营业部在反复讨论把手材质、位置和美观度后，新增了两个把手，实现轮椅客户顺利进出和随手关门。安全舱内部栏杆的右侧，除了安装常规紧急呼叫按钮，还专门设置了大堂经理呼叫按钮。在安全仓隔断上部的磨砂设计极大程度保护了客户隐私，下方的透明设计更能方便外部人员及时发现是否有客户跌倒等紧急情况的发生，可以第一时间赶往救助。

图1-7-8　无障碍自助设备服务区

▶ 物理环境建设——无障碍电子银行体验区

外部电子银行体验区也采用了低位
设计，独立设置半开放式空间，即方便
轮椅客户的进出，轮椅内转余地充足，
也有更好的私密性。吕副主席也对这里
的无障碍设施感到比较满意。

图1-7-9 无障碍电子银行区

▶ 物理环境建设——现金及非现金柜台

现金及非现金柜台采用半封闭的结构取代了传统的"一米线"，不仅更为美观，也给客户带来
更为"安心"的环境体验。在客户等候区设有轮椅席位，在轮椅席位处设置无障碍标志，并在轮椅
席位旁专设了陪护席位。

图1-7-10 轮椅等候区

图1-7-11 现金柜台无障碍标识

▶ 物理环境建设——无障碍厕所

在通往厕所的必经之路上存有一步高低落差，厕所坑位也有一步高差，为方便轮椅客户能顺利通行及使用，首先对于通道进行坡度的改造，综合现场走道宽度及长度的考虑，按照1:20的坡度设置轮椅坡道及单边扶手栏杆。其次将员工内部厕所改造为无障碍厕所。厕所门设置为按钮式电动移门，开门净宽为900mm，移门按钮的安装高度确保轮椅客户能够使用。内部设有洗脸盆、坐便器、小便器，并配有专用的安全抓杆及紧急按钮，其安装要求严格按照"无障碍设计规范"中相关条款执行。确保残疾人客户的安全使用，并在大厅内的显著位置有相应的标志指引。

图1-7-12　无障碍厕所

▶ 人文环境建设

网点内的阳光之家为残疾人的手工艺品提供了线下的展示平台，这是建行浦东分行营业部与浦东新区残联"阳光工坊"助残项目合作平台，搭建了残疾人劳动产品的线上、线下展示和销售渠道。这既能体现残疾人的自强精神，又能让更多人参与到公益中来。客户如果喜欢这些手工艺品，可以扫码购买，让更多的残疾人通过自己的劳动实现自身价值和社会意义。

图1-7-13　阳光之家

为了提升对听觉障碍客户的服务能力，营业部在业务办理区放置手语服务指引标识，并配置多名"手语服务专员"，全程进行手语服务。每年还会有员工参加上海银行业窗口服务手语培训专班。

图1-7-14　手语人员证书

新建京雄城际铁路雄安站站房工程
中国·雄安

　　高铁雄安站是包含铁路站房工程、市政配套工程、城市轨道交通工程以及地下空间工程的大型城市综合体，是雄安新区面向京津冀协同发展的重要门户。在设计之初就以打造"畅通融合、绿色温馨、经济艺术、智能便捷"的现代化铁路客站枢纽为目标，全力建设成精品智能客站示范工程。

　　在雄安站设计中，以有爱无碍为原则，以无障碍需求为导向，以无障碍尺度为标准，对无障碍卫生间、竖向交通、停车及通道、服务设施、安检及验票、标识、人员服务等七大无障碍系统进行了全面优化提升，为特殊人士、妇幼家庭群体等提供了更好的服务条件，更具有人文情怀。相关设施与装修设计高度融合，实现了有爱无碍、绿色温馨、经济艺术与智能便捷的有机统一。

图1-8-1　鸟瞰图

▶ 设计总平面图

地　　址 河北省雄安新区	**主 要 功 能** 铁路站房工程、市政配套工程
建设时间 2020年	**设 计 单 位** 中国铁路设计集团有限公司（总体设计）
建筑类型 交通建筑	北京市市政工程设计研究总院有限公司
建筑面积 475241m²	中国建筑设计院有限公司

主要参与人员 　赵世磊　谷邛英　陶　然　栾天浩　郭　栋
　　　　　　　　　杜昱霖　隋　茵　王天成　王克涛　宋　伟
　　　　　　　　　卢　静　张建海　崔孟雪　杨金鹏　王　喆

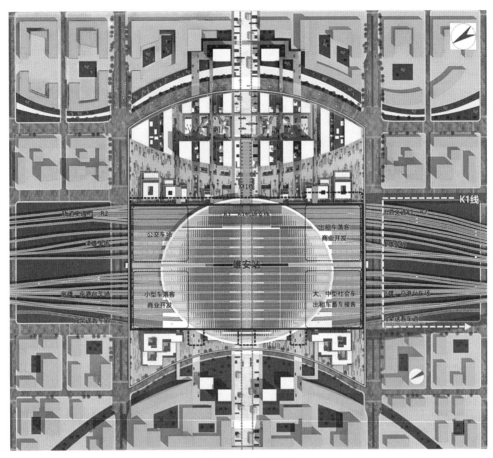

图1-8-2 总平面图

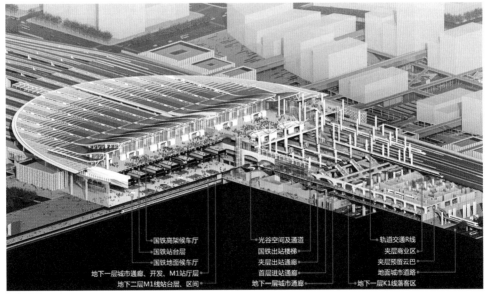

图1-8-3 剖面透视图

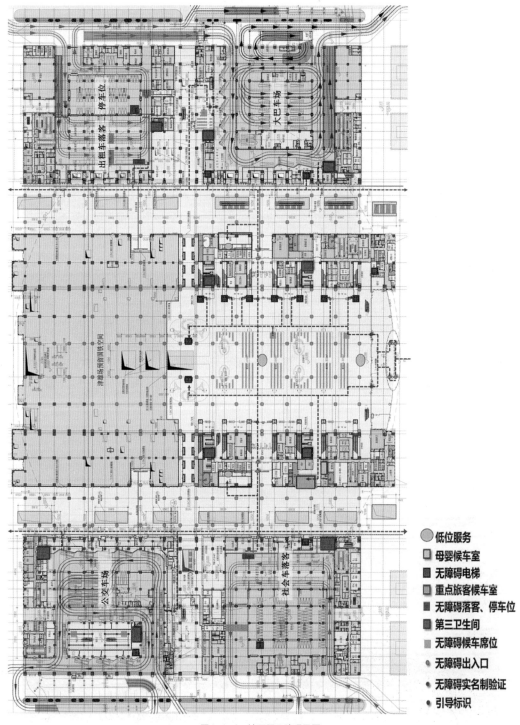

图1-8-4　地面层无障碍导图

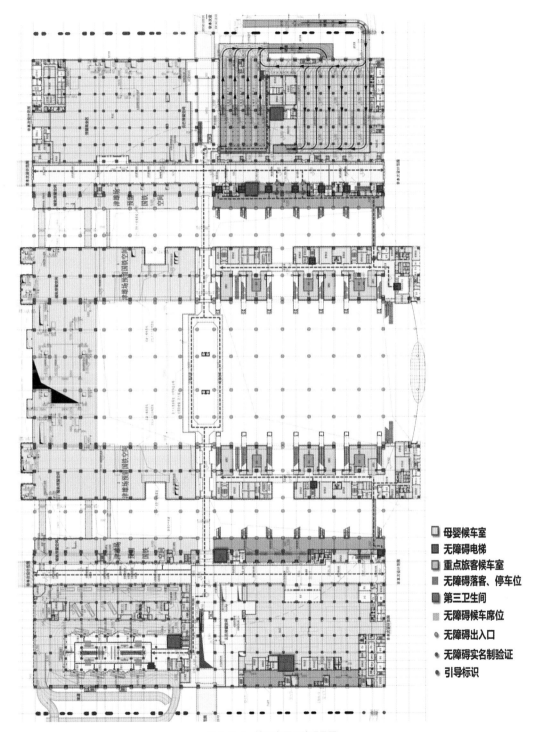

母婴候车室

无障碍电梯

重点旅客候车室

无障碍落客、停车位

第三卫生间

无障碍候车席位

无障碍出入口

无障碍实名制验证

引导标识

图1-8-5　地面夹层无障碍导图

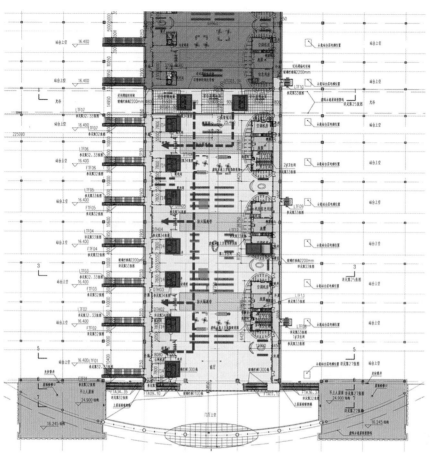

图 1-8-6　高架层无障碍导图

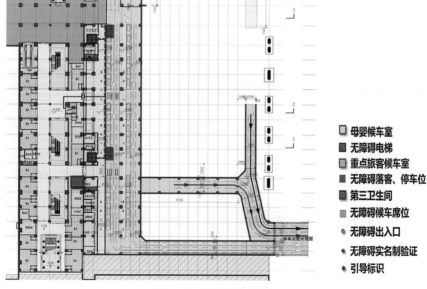

图例：

☐ 母婴候车室

■ 无障碍电梯

☐ 重点旅客候车室

■ 无障碍落客、停车位

■ 第三卫生间

■ 无障碍候车席位

• 无障碍出入口

• 无障碍实名制验证

• 引导标识

图 1-8-7　地下层无障碍导图

▶ 技术难点

难点一：通过智能化无障碍设施的应用研究，使重点旅客能够共享科技发展的成果，提高了无障碍设施的便利性。

随着科技的发展，大量智能化便利设施进入人们的生产生活中，通过智能化无障碍设施的应用研究，提取能够适用于无障碍的便利设施，应用在工程实践中，使有无障碍需求的群体，也能够共享科技发展的成果。

图1-8-8　无障碍卫生间

难点二：通过与文化艺术的融合，使无障碍设施空间具有较好的环境效果，解决了以往车站无障碍设施与空间环境效果的矛盾。

以往铁路旅客车站中，一般注重设施功能，忽视艺术效果。在雄安站无障碍设计中，相关设施与装修设计高度融合，实现了绿色温馨、经济艺术与智能便捷的有机统一。

图1-8-9　候车大厅实景图

▶ **无障碍技术亮点**

• **无障碍技术亮点1——功能布局，便捷无碍**

合理规划了无障碍卫生间、重点旅客候车区、儿童候车区。雄安站无障碍卫生间是融合了成人无障碍、儿童、家庭的综合通用型无障碍卫生间。针对服务对象的差异。进行了分区。以无障碍尺度控制设施间距，自由舒适。

无障碍候车区规划有轮椅停放位置。周围设有扶手，以折线营造起伏——适应坐姿和轮椅存放需求，与垃圾桶一体化设计，整体平滑，无尖锐突出以及较大起伏，过道宽阔、地面防滑处理。采用木纹色彩，温馨醒目。配置低位查询机。

儿童候车区布置艺术隔断兼座椅，四周为环形有机形态座椅，中部设置可攀爬的鹅卵石形态座椅，增强趣味性。

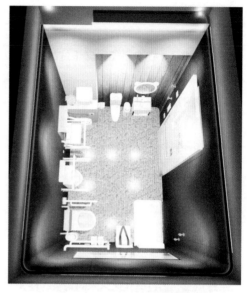

图1-8-10 无障碍卫生间俯视图

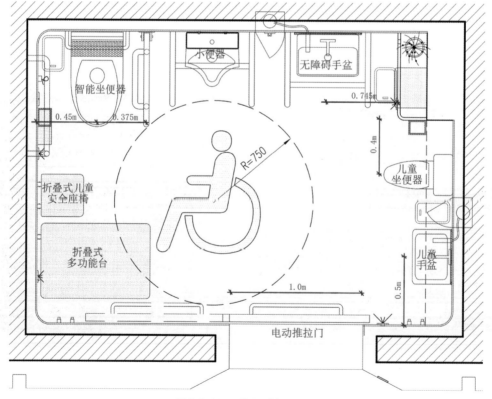

图1-8-11 无障碍卫生间平面图

图 1-8-12　无障碍候车区实景图

图 1-8-13　儿童候车区实景图

- ### 无障碍技术亮点2——有爱设施，共享文明

无障碍卫生间内除了设有规范要求的设施以外，还设置了智能坐便器、花洒、双卷纸取纸器、便器软背垫、感应式垃圾桶、感应式皂液器、感应式纸巾机、置物台、拐杖架、新型安全抓杆等，设施丰富，主辅匹配，贴合无障碍需求。

无障碍卫生间采用专用电动推拉门，旅客进出站口均采用自动感应门，汽车场站采用常开防火门，便于通行。

图1-8-14 配套汽车场站出入口

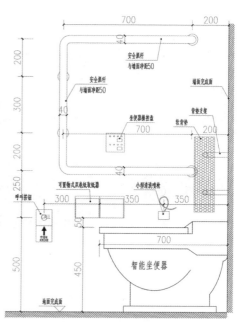

图1-8-15 坐便器侧墙设施立面

图1-8-16 站房主入口实景图

图1-8-17 无障碍卫生间门

设置了连续的导引标识系统。电子显示系统能够显示车次状态信息，便于听力障碍者使用。

图1-8-18　电子显示屏实景图

- **无障碍技术亮点3——注重细节，传递关爱**

　　装修采用圆角。设有宽通道检票口，配置显示屏及广播，便于肢体障碍者、听力障碍者、视力障碍者使用。

图1-8-19　检票口实景图

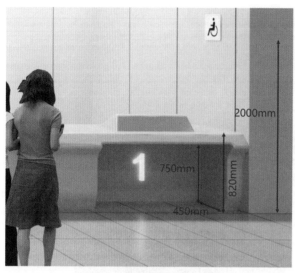

图1-8-20　综合服务中心无障碍柜台

　　综合服务中心设有宽大容膝空间的无障碍专用窗口，便于肢体障碍者使用。配置了显示屏及广播。便于听力障碍者、视力障碍者使用。

　　无障碍电梯均配置脚踢式按钮、到站声光提示，按钮盲文设置在按钮左侧。便于上肢障碍者、视力障碍者、听力障碍者使用。有条件的电梯在轿厢内设置折叠式座椅。

图1-8-21　综合服务中心实景图

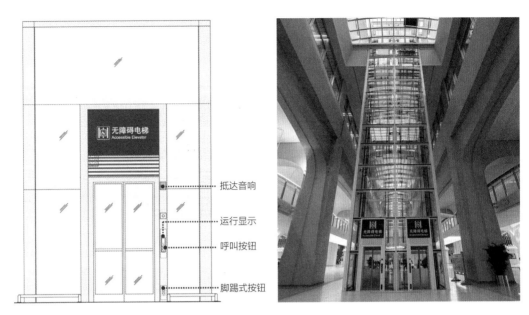

图1-8-22 无障碍电梯立面及实景图

抵达音响

运行显示

呼叫按钮

脚踢式按钮

距站台边缘1m处设有醒目的警示线及提示盲道，对视力较弱者的安全起到提示作用。

图1-8-23 站台实景图

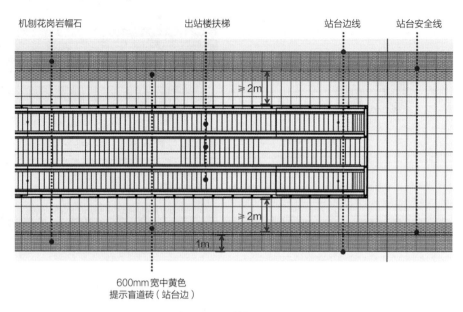

图1-8-24　站台平面图

楼梯扶手端部均下弯处理。楼扶梯前方设置提示盲道。扶梯上下端设置醒目的提示标识。

图1-8-25　楼扶梯实景图

- **无障碍技术亮点4——绿色温馨，共享文化**

文化柱与显示屏、无障碍服务台有机融合，无障碍服务台规划有轮椅存放位。显示屏为倾斜式，便于低位观看。

母婴室设置背景墙壁画，以现场手绘＋立体拼贴的方式，通过柔和、雅致的色彩，以白洋淀自然生态的画面为主题，营造出一个具有梦幻感和故事性的空间。

大厅内结合绿化设置有休闲座椅，旅客可以临时休息。

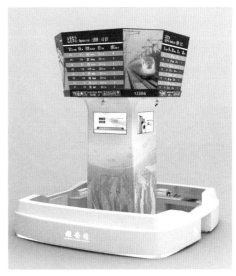

图1-8-26　无障碍服务台

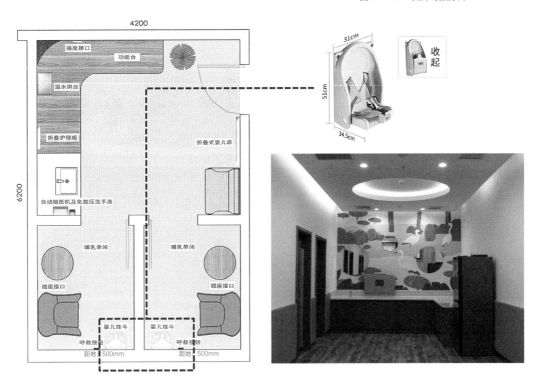

图1-8-27　母婴室平面及实景图

图1-8-28　休闲座椅实景图

无障碍技术亮点5——BIM技术，打造精品

创新了无障碍设计手段，采用平面设计、BIM三维设计以及虚拟现实的方式，在设计阶段即为使用者提供了一个可视、可体验、可感知的三维立体空间，用于指导设计优化和精确施工。

图1-8-29 无障碍卫生间BIM图

图1-8-30 无障碍卫生间BIM俯视图

中国银行宝山支行营业部无障碍环境建设示范网点
中国·上海

> **导读：** 国家关爱残疾特殊群体，既能体现一个社会的文明程度，也能彰显金融服务的温度。中国银行股份有限公司上海市宝山支行营业部将创建"上海银行业无障碍环境建设网点"作为2019年网点装修重建的亮点工程，以"爱无碍、心相连"的服务理念贯穿于整个无障碍网点打造过程中，使建成的宝山支行营业部成为宝山区银行业第一家、中国银行上海市分行第二家无障碍环境建设网点。
>
> 中国银行宝山支行营业部以无声的服务，谱写有心的大爱，于细微之处彰显点滴关怀。以为残障人士及有相似需要的金融消费者提供贴心、暖心、温馨的金融服务为己任，发挥标杆网点示范作用，持续扩大辐射力，通过衍生的人文关怀凝聚成最能代表本银行的服务"名片"，并将之发扬光大、做专做强。

图1-9-1　银行外观效果图

▶ 项目概况

地　　址	上海市宝山区	**主 要 功 能**	金融服务
建设时间	2020年	**设 计 单 位**	上海影石建筑装饰设计工程
建筑类型	金融建筑		有限公司
建筑面积	555m²	**主要参与人员**	张智宇　金　静　邱　瑜　薛　莲

▶ 设计总平面图

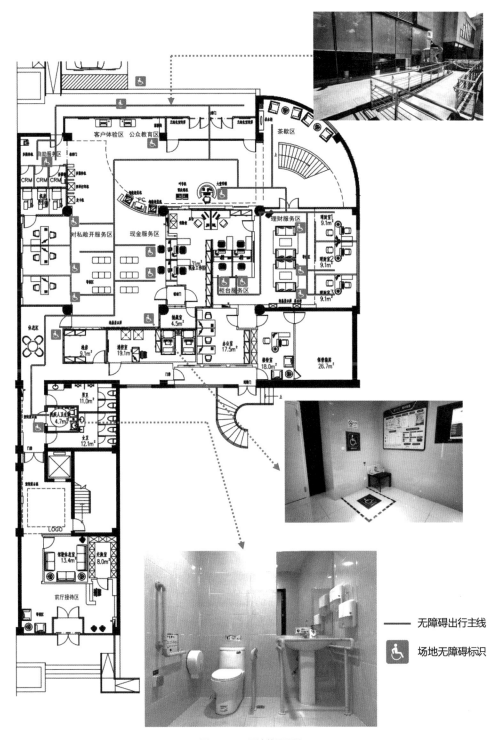

图1-9-2 设计总平面图

—— 无障碍出行主线

场地无障碍标识

▶ **设计理念**

• **理念一：对标服务标准。**

根据国家先后出台的《无障碍环境建设条例》《银行无障碍环境建设标准》《关于推进信息无障碍的指导意见》，建立健全无障碍设施，中国银行宝山支行营业部将"爱无碍、心相连"的服务理念贯穿在无障碍网点打造过程中。

• **理念二：健全服务设施。**

中国银行宝山支行营业部无障碍环境建设示范网点项目由上海影石建筑装饰设计工程有限公司设计，上海高新建设开发有限公司施工，先后通过3次同业现场学习、3次专家现场指导、1次残疾人代表现场体验，最终于2019年12月荣获上海银行业无障碍环境建设网点授牌。设计从障碍人士实际需求考虑，在原有无障碍坡道、按铃等设施配备的基础上，配备更健全的服务设施。同时，除了无障碍配置，也不忽视爱心便民服务，不断完善银行物理空间服务配置。

• **理念三：优化设计理念。**

中国银行宝山支行营业部无障碍环境建设示范网点项目体现了通用与包容的原则，涉及行动不便、视力与听力障碍等有障碍的人群，还包括了看护婴儿的需求，真正体现了无障碍作为全社会最大公约数通用包容的意义；同时对银行设施的室外场地、室内设施、空间布局、标志导引、信息无障碍等方面都做了系统、详细的规定，涵盖了设计、建设与管理的不同环节，尤其是在服务方面的强化，体现了无障碍的系统性全流程的理念。

• **理念四：提升服务质量。**

进一步强调服务过程中的响应时效及服务标准，通过人工耐心引导、线上线下协同办理等方式畅通服务流程。对于部分操作智能设备存在困难的客户，则通过柜台等线下渠道进行办理。

不断更新服务，根据灵活、弹性的服务流程，进一步拓宽金融普惠适用范围，让金融无障碍服务更加便民。逐步打通各机构之间信息流通障碍，帮助相关群体跨越"信息鸿沟"，切实提升银行服务质量。

▶ 无障碍设计要点1——内部环境无障碍

中国银行业协会发布的《银行无障碍环境建设标准》，从无障碍内部环境、无障碍外部环境、信息无障碍三方面对银行营业网点建设做出了要求。

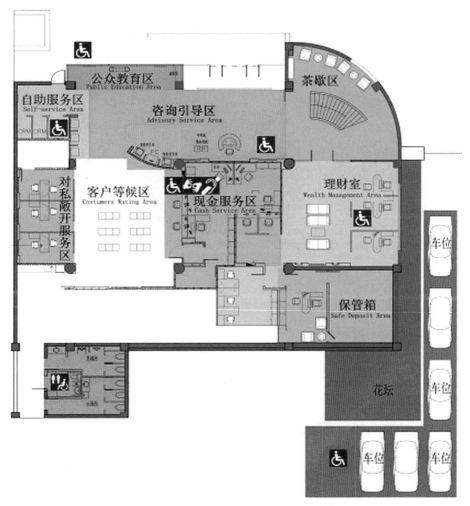

图1-9-3 营业场所无障碍平面导图

针对无障碍内部环境，银行网点应当允许视力残疾客户携带导盲犬出入营业厅，并在营业厅外张贴相应标志。同时，网点应在大堂服务台、封闭式及开放式柜台窗口等处设置"低位服务柜台"，在电子银行体验台、便民服务台、自助银行等处设置"低位服务设施"，以方便乘坐轮椅的客户使用。

　　银行营业场所内地面平整、防滑、无反光，设置无障碍标识。允许视力残疾客户携带导盲犬出入营业厅，并在营业厅外张贴相应标志。

图1-9-4　银行大堂服务台实景图

图1-9-5　电子银行体验台实景图

图1-9-6　封闭式低位柜台实景图

▶ 无障碍设计要点2——外部环境无障碍

针对无障碍外部环境，《标准》要求，银行网点新建的无障碍设施应与周边的无障碍设施相衔接，如无障碍机动车停车位、室外盲道、无障碍出口、轮椅坡道等。

中国银行宝山支行营业部根据要求不断改进各项无障碍设施，邀请上海市无障碍环境建设专家在装修过程多次赴现场进行指导，并对所有涉及无障碍设施的图纸进行逐一审核，着重强调了无障碍停车位、无障碍ATM、无障碍卫生间等几项与银行有关的重要服务设施施工中的注意事项。

图1-9-7　无障碍机动车停车位实景图　　　　　　　　图1-9-8　室外轮椅坡道实景图

▶ 无障碍设计要点3——信息无障碍

针对信息无障碍，《标准》要求，银行应在保护普通客户金融消费权益的基础上，为残疾人群体提供语音、盲文、手语、闪光振动、定点定向、电话预约等服务。

信息交流无障碍是项目的亮点之一。在需要帮助时，可随时按下低位的"大堂经理呼叫按钮"，避免因无法呼唤到工作人员而引发的尴尬；各处设置的盲文触摸引导区域、盲文有声计算器、助盲识币卡、无线振动叫号提示器等则成为视障人士的福音，尤其是专门订制的"支行平面示意触觉图"，对应营业大厅不同区域的盲文示意图，更显细心关怀，得到了专家组成员和客户的充分肯定。

图1-9-9　呼叫大堂经理按钮　　　图1-9-10　无线振动叫号提示器　　图1-9-11　盲文版业务
　　　　　　　　　　　　　　　　　　　　　　　　　　　　　　　　　　　　　操作指南

　　另一个亮点是办理流程无障碍。残疾人朋友从轮椅坡道进入营业厅，直接来到大堂经理咨询台和低位填单台，接着根据自己服务办理情况选择办理区域。营业厅内，根据业务办埋类型，分为了现金柜台和理财咨询两个区域，残疾人朋友如果需要办理现金服务可以到低位柜台排队办理，如果进行理财咨询，则可以进入专用无障碍咨询室，内部还配备了生活轮椅，供客户使用。等待之余，还可以进入大厅内预留的无障碍轮椅休息区，休息区内提供了饮用水、盲人科普读物等服务。如果需要去往卫生间，则可以通过走廊前往无障碍卫生间，整条动线清晰明朗，最大程度减少障碍。

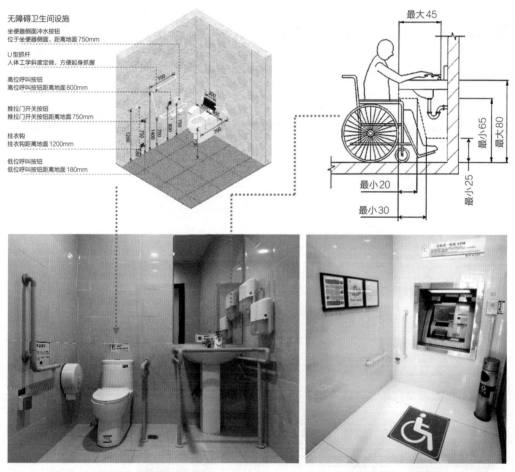

图1-9-12　无障碍卫生间　　　　　　　　图1-9-13　ATM无障碍设施

为满足各类人群的服务需求，中国银行宝山支行营业部在网点内配备除基础的信封、点钞机、充电线、雨伞等，还提供有轮椅、医疗箱、不同度数的老花眼镜、放大镜、血压计、助听器等服务物品，并配有专门的轮椅休息停靠区。

图1-9-14　便民服务区：点钞机、免洗消毒液、充电线、信封、老花镜、雨伞等

图1-9-15　无障碍轮椅停靠休息区

▶ **爱无碍　心相连 —— 关爱特殊人群 承担社会责任**

　　无障碍建设不止硬件的完善，中国银行更是将对特殊人群关爱工作延伸到行外，与区共建，不以一时一刻为愿望，但以每时每刻为目标，将爱心传递至每一个角落。

　　中国银行上海市宝山支行与"爱·咖啡"自闭症社会实践基地、"天使知音沙龙"共同开展各类志愿服务活动，该志愿服务项目通过增强社会各界对自闭症儿童群体的关爱，倡导社会发扬友爱互助的精神，使孩子们感受到社会对他们的关注和理解。

图1-9-16　自闭症儿童参与活动翩翩起舞

图1-9-17　天使知音沙龙颁发慈善捐赠及义工荣誉证书

中国银行上海市宝山支行携手区内12家街镇阳光家园，为特殊人群开展金融知识专题讲座，宣讲最新版人民币防伪技术和典型多发的新型电信诈骗。支行将继续践行维护金融稳定的社会责任，不断提升在周边社区居民中的认可度。

图1-9-18　为特殊人群科普金融常识

促进无障碍事业高质量发展具有重要的现实意义和丰富的价值内涵，加强无障碍环境建设是建设社会主义现代化强国具有人文价值的文明工程，是贯彻以人民为中心发展思想的民生工程。宝山支行深刻贯彻落实党的十九届五中全会精神，贯彻落实关于无障碍环境建设的重要指示，为更好地关爱老人和特殊人群，更好地履行社会责任，该行制定了特殊人群客户需求服务预案，还提供便捷、人性化的延伸服务。

银行和千家万户的日常生活息息相关，与所有的社会经济关系血脉相连，党的十九大做出了中国特色社会主义进入新时代的重大判断，在深化金融体制改革的进程中，银行业面临新任务新使命，即精准服务中央大政方针和国家发展战略。从一百多年前"为社会谋福利，为国家谋富强"的胸怀，到如今"融通世界、造福社会"的担当，从中国进出口商品交易会到中国国际进口博览会，中国银行始终走在践行国家战略，推动国家高水平对外开放的第一方阵，将继续担当国有在行责任，为国家建设和社会发展作出积极努力。

西湖大学是在浙江省、杭州市和西湖区政府的支持下，以小而精的模式，创建的一所社会力量举办、国家重点支持的新型高等学校。作为一所新建高等级大学，在中国残联的重点关注下，项目不仅要满足一般性的无障碍设计，更需要高于标准、全面化设计，以求创建一个能够提供公平教育、开放包容的未来大学校园环境，彰显西湖大学的人文关怀。

西湖大学无障碍设计以友善人文校园、全龄畅行校园作为指导理念，重点考虑了校园景观环境复杂和建筑类型多样化的特点，从校园景观、出行、生活服务设施、标示标识、信息智能等各个方面系统总结了西湖大学校园无障碍的重点要求和设计内容。同时，无障碍设计突出通用化设计与融合使用导向，专项构建无障碍的校园环境体系，解决当前大学校园无障碍环境不全面、不完善、不实用的现状，达到"可及、可达、可进、可用"的理想环境。

图1-10-1　校园整体鸟瞰图

▶ 项目概况

项目设计时间　2018—2021年	**业 主 单 位**　西湖大学
项目地点　浙江省杭州市	**建 设 单 位**　杭州市推进西湖大学建设指挥部
设计单位　浙江大学建筑设计研究院有限公司	**主要参与人员**　邝　洋　陈　瑜　江胜涛　夏继明　陈裕雄　刘蓓蕾　余智祥　刘欣耘　朱　靖

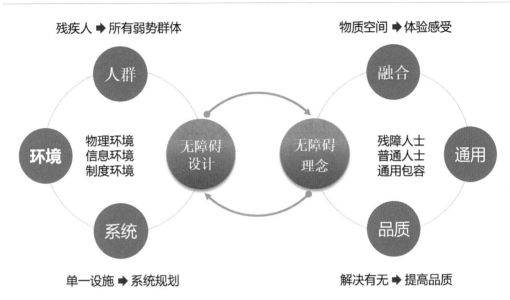

残疾人 ➡ 所有弱势群体　　　　　　　物质空间 ➡ 体验感受

人群　　　　　　　　　　　　融合

环境　　物理环境　无障碍　　无障碍　残障人士　通用
　　　　信息环境　设计　　　理念　　普通人士
　　　　制度环境　　　　　　　　　　通用包容

系统　　　　　　　　　　　　品质

单一设施 ➡ 系统规划　　　　　　　解决有无 ➡ 提高品质

图1-10-2　难点与挑战

▶ 研究思路

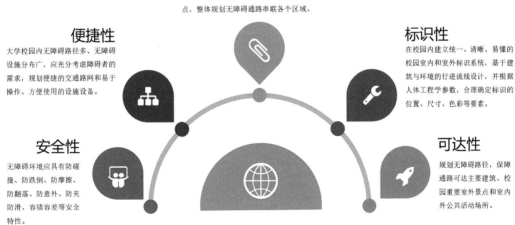

全面性
为使行动不便者尽可能达到校园每一个地方，无障碍环境需全面设计，并根据校园建筑配置及场地环境特点，整体规划无障碍通路串联各个区域。

便捷性
大学校园内无障碍路径多、无障碍设施分布广，应充分考虑障碍者的需求，规划便捷的交通路网和易于操作、方便使用的设施设备。

标识性
在校园内建立统一、清晰、易懂的校园室内和室外标识系统，基于建筑与环境的行进流线设计，并根据人体工程学参数，合理确定标识的位置、尺寸、色彩等要素。

安全性
无障碍环境应具有防碰撞、防跌倒、防摩擦、防翻落、防意外、防夹防滑、容错容差等安全特性。

可达性
规划无障碍路径，保障通路可达主要建筑、校园重要室外景点和室内外公共活动场所。

图1-10-3　研究思路

▶ **西湖大学校园无障碍设计要点**

- **无障碍交通出行——通畅、便捷、可达**

  校园内多元化人群结构增加了对校园内道路交通通过性、安全性、公共空间畅通性、室内外设施可达性的需求。校园应规划无障碍路径，保障通路可达主要建筑、校园重要室外景点和室内外公共活动场所。

- **无障碍景观环境——自然、通用、融合**

  校园无障碍景观环境应突出自然关怀、通用融合的特点，既要方便健康人的日常生活、休息、运动需求，也要满足校园中的老年人、孕妇、受伤、残疾人等通行不便的弱势群体对环境方便性、安全性、舒适性、平等性的需求，让他们融入正常的校园生活中。

- **无障碍室内设施——人性、精细、舒适**

  校园室内无障碍服务设施覆盖了校园内所有公共建筑和居住建筑，包含了卫生间、电梯、无障碍席位、无障碍宿舍、无障碍教室和校园低位服务等各方面。服务设施设计突出在人体尺度和使用便利性研究的基础上进行精细化设计。

- **无障碍室外设施——安全、方便、适用**

  校园所有室外家具、室外运动设施遵循与景观场地结合、无棱角、适应多种人群需求的原则。

▶ **无障碍出行**

　　西湖大学园规划总用地约1350亩，校园内部被贯穿校园的城市河道以及内部水环分隔成几部分。规划的中心岛是学校科研和教学的核心区，生活区和运动区、行政办公区围绕中心岛布置。为使行动不便者尽可能达到校园每一个地方，校园内设计了无障碍线路串联各个区域，无障碍路径可达校内所有建筑无障碍出入口、无障碍停车场地、重要景点和室内外公共活动场所。校园内人行道、路面、停车位均为无高差设计，并设置明显清晰的标识。

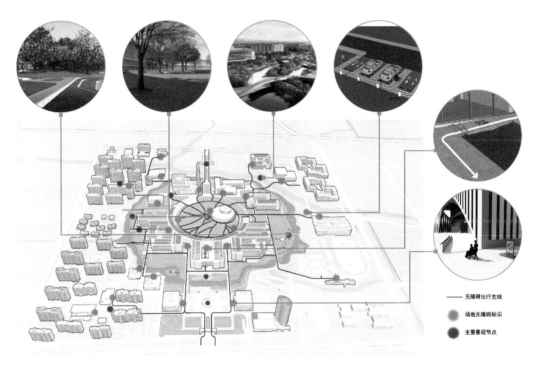

图1-10-4　校园无障碍线路及主要节点

图1-10-5　道路无高差设计

• 道路无高差设计

校园内按照交通方式形成无障碍路径，车行道与人行道采用人行道路采用无高差设计。人行道路采用防滑材料，路面避免布置管井盖和排水篦子。

图1-10-6　无障碍机动车位

• 无障碍机动车位

无障碍机动车停车位地面包含停车线、轮椅通道和无障碍标识。停车位的宽度≥2.50m、长度≥5.00m、净空高度≥2.20m，侧面乘降区和后部取货区的宽度≥1.20m。

图1-10-7　校园慢行道休息设施

• 校园慢行交通

慢行道路（步行道、骑行道、跑步道）的宽度、坡度和材料，以及服务设施应符合无障碍设计相关规范的要求，满足其连贯步行和骑行的无障碍要求。

室外景观环境突出人性化、通用化和地域性设计，既要方便健康人日常生活、休息、运动，也要满足校园中的老年人、受伤、残疾人等通行不便的弱势群体对环境方便性、安全性、舒适性、平等性的需求，让他们融入正常的校园生活中。项目针对西湖大学特色的滨水空间，特别设计了无障碍的游览路线，使其与滨水岸线的主要观景场所无障碍连接，并保证轮椅的通行要求。在滨水空间设置了若干处观赏平台和轮椅可到达的游船停靠点。

植物选择遵循易栽活、色彩鲜艳、无毒性、繁殖或取材容易、易开花或结果、具有欣赏期较长、维护管理容易的原则。在滨水区域多种植以观赏性为主的无毒害的水生植物；在庭院区域等多种植低矮无毒害的草本植物。

图1-10-8 校园无障碍环境及景观设施

　　校园中硬质的广场与人行步道、步行桥、车辆通道都在同一标高或以缓坡过渡。连接中心岛的12座校内景观桥遵循通用性、无障碍性、可达性原则，与路面、广场自然无高差衔接，桥面坡度均小于1:20，地面采用坚固防滑材料。人行桥考虑桥型的趣味性和可停留性，设置了休息观赏区。

图1-10-9　校园人行桥

▶ 无障碍室内设施

室内设施设计突出在人体尺度和使用便利性研究的基础上进行人性化和精细化设计。包含了校园卫生间、电梯、无障碍席位、无障碍宿舍、教室、食堂、医院、客房和校内所有低位服务设施。以无障碍宿舍为例，设置在公寓到达便捷的底层或无障碍电梯附近；门锁采用了智能门锁，方便残疾或受伤学生进出；宿舍内部桌椅及拉手均采用圆角形式，减低磕碰风险；衣柜内衣架采用可高低调节形式放置衣物。室内配置可电动控制的照明灯光、电动外窗、电动窗帘、升降晾衣杆，尽可能利用物联网技术让科技使残障或受伤学生生活更加便利。

配置蓝牙智能音箱，控制照明灯光、电动外窗、电动窗帘、升降晾衣杆。尽可能利用物联网技术让科技带动残障、受伤人士生活便利。

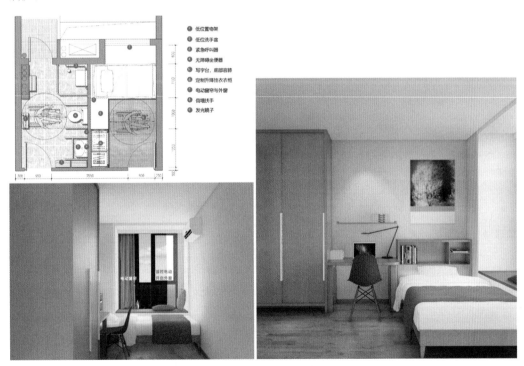

图1-10-10　无障碍宿舍

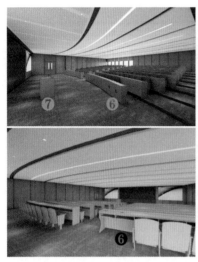

图1-10-11　无障碍教室

① 电动开关移门
② 紧急可视窗
③ 传音百页
④ 电控开关面板
⑤ 立体标识
⑥ 前后排无障碍座席
⑦ 升降讲台

图1-10-12　无障碍卫生间门

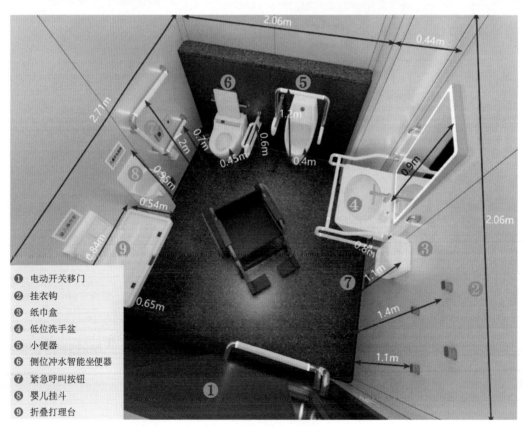

① 电动开关移门
② 挂衣钩
③ 纸巾盒
④ 低位洗手盆
⑤ 小便器
⑥ 侧位冲水智能坐便器
⑦ 紧急呼叫按钮
⑧ 婴儿挂斗
⑨ 折叠打理台

图1-10-13　无障碍卫生间

▶ 无障碍室外设施

　　校园室外设施包含了固定或活动室外家具、无障碍服务亭、公共艺术装置、室外饮水机、灯具音响、垃圾桶等各项设施。所有室外服务设施遵循与景观场地结合、无棱角、适应多种人群需求的原则。

　　在校园室外休憩区设置高低位直饮水，在校园室外活动的交通节点处设置室外无障碍电子求助装置。 在满足基本照明要求的前提下，充分考虑特殊群体的使用需求，灯具高度、光线角度均须避免造成炫光效应。灯具的选型以圆润无棱角为原则，电压应采用低压直流电，控制在对人体无害的范围内。 在人群停留时间较长的宿舍、食堂等活动区设置室外无障碍服务亭，包含校园信息发布、轮椅充电、直饮水、休息座等功能。

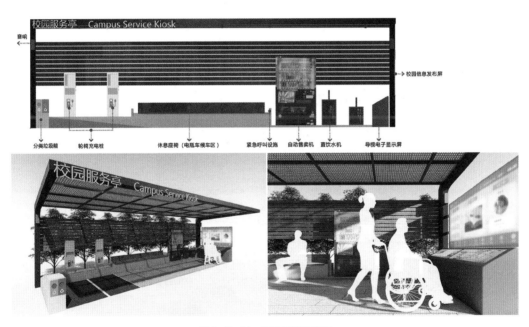

图 1-10-14　校园无障碍服务亭

图1-10-15　校园运动区休息座

所有室外家具应遵循与景观场地结合、无棱角、适应多种人群需求的原则。沿主要步行道、人流集中的活动区布置。公共休息设施间距不超过 100m。

图1-10-16　校园步道休息座

结合校内公共建筑在景观中设置办公、科研区康复花园，在公寓区宿舍区设置生活区康复花园，使在校不同人群工作生活之余感受放松环境。

校园室外活动场地区域种植大乔木，设置室外座椅、垃圾桶、景观构架等设施，为校园师生提供休息设施。

图1-10-17　校园运动步道及无障碍设施

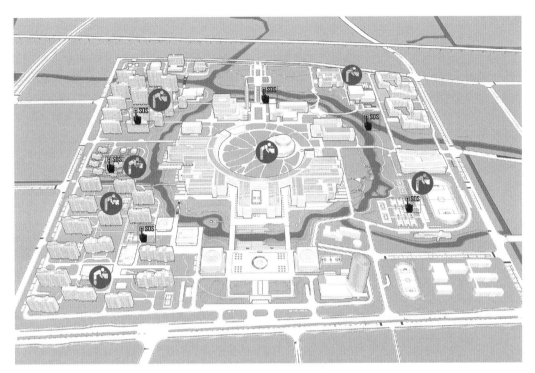

图1-10-18 校园室外装置

　　校园室外休憩区设置高低位直饮水，满足师生的室外活动需求和便利。在校园室外活动的交通节点处设置室外无障碍电子求助装置。

北京大学畅春园社区老年友好社区创建
中国·北京

导读： 21世纪以来，"积极老龄化"已渐渐成为应对人口老龄化问题的核心思想：老年人要积极地面对生活，保持身心健康，并作为家庭与社会的重要资源，参与社会发展，实现自己的价值。建设老年友好型社会正是以促成积极老龄化为目标，通过不断减少人们在老化过程中遇到的各种城市中的物质与非物质障碍，强化老年人群的身心健康与社会参与，提升生活质量，以实现老年人的自我价值。为全面贯彻"积极应对人口老龄化国家战略"，深入推进老年友好社会建设，北京大学人口研究所并燕园街道一起，围绕改善老年人居住环境、方便老年人日常出行、提升为老年人服务质量、扩大老年人社会参与、丰富老年人精神文化生活、提高为老服务科技化水平以及管理保障等方面，积极开展老年友好型社区创建工作，同时通过科研成果的转化与实践运用，带动人才培养与学科建设。

图1-11-1　北京大学畅春园社区

▶ **项目概况**

地　　　址	北京市海淀区
建 设 时 间	1985年
改 造 时 间	2016—2021年
建 筑 类 型	社区
场 地 规 模	56000m²
主要参与人员	陈　功　康　宁　童　妍
	黄甜歌　孙珮嘉　裴赫铭

　　北京大学畅春园社区建于1985年，占地面积5.6万m²，根据七人普数据，社区西区居民共1072人，平均年龄52.85岁，65周岁以上老年人占比24.91%，80周岁以上高龄老人占比14.93%，老龄化水平远超全国和北京的平均水平，是一个严重老龄化社区。畅春园社区的很多工作，即使不是为老年人设计的，最终也将会集中到老年人这一群体上，因此，进行老年友好型社区建设是畅春园社区工作的重中之重。

▶ 项目实施情况

北京大学畅春园社区老年友好社区创建项目，由北京大学人口研究所配合燕园街道实施。目前已完成地下管线改造工程、智能门禁系统升级工程、社区步道改造工程，已有15部电梯投入使用，下一步将开展粉刷楼道墙面、改造楼梯间照明、帮独居空巢家庭改造家庭照明条件等一系列"阳光工程"。在社区治理方面，社区推动居民自治，居委会和居民之间有沟通、有互动。在为老服务方面，社区和北京大学联系紧密，各学院为社区带了不同类型的服务与活动，为社区的老人们树立起了积极老龄观，提倡老有所为，促进老年健康，共同建设老年友好型社区。

畅春园老年友好社区改造项目主要解决了老旧社区出行难、设施差的问题，同时对社区老年居民践行积极老龄化提出具体解决方案。通过社区环境改造，为老年人提供适宜的社区生活环境，通过高校学生与社区老人的活动，打破社区软硬件环境对老年人的限制以及新智能技术给老年人造成的"数字鸿沟"，促进老年人保持健康、活力和融入社会，提升老年人生命生活质量，增强老年人获得感、幸福感和安全感。畅春园的老年友好社区建设不仅能为社区老年人居家养老和平等参与社会生活提供了必要条件，也为其他各年龄的社会成员提供和谐共融的社区环境，实现由"养老"向"享老"转变。

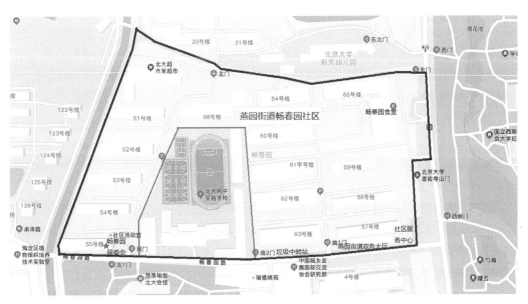

图1-11-2 畅春园社区区位图

图1-11-3　畅春园社区改造方案研讨会　　　　　　　　图1-11-4　改造后的畅春园社区电梯

▶ 项目研究思路

　　项目以习近平新时代中国特色社会主义思想为指导，深入贯彻落实党的十九大和十九届二中、三中、四中、五中全会精神，紧紧围绕"积极应对人口老龄化，建设老年友好型社区"开展北京大学畅春园社区老年友好社区创建工作。

- **老年友好社区的内涵研究**

　　主要通过文献研究方法，对国内外老年友好型社会的理论框架、研究成果、实践经验进行梳理和总结，结合我国国情、特点、优势，考虑我国老年人的实际需求界定中国特色老年友好型社区的定义与内涵。

- **国内外建设老年友好社区的政策演进和发展经验研究**

　　主要侧重于梳理国内外老年友好型社会的相关政策，包括政策制定的背景、目标、实施内容与政策成效等方面，目的在于为北京市老年友好型社会的政策制定与具体实践提供经验借鉴。

- **我国建设老年友好型社会的发展和现状研究**

　　主要是通过文献、政策以及相关数据的收集和分析，把握我国老年友好社区建设的现状，从理论发展、顶层设计到具体实践多方面系统分析我国老年友好型社会建设与发展过程中存在的问题，为北京市建设老年友好型社会提供参考。

- **老年友好社区政策研究**

　　以我国老年友好社区建设与发展现状事实为基础，综合国内、国际发展研究经验，从政策科学角度对制度设计提出一系列的理论依据、设计思路和实施路径，为如何在北京大学畅春园建设老年友好社区提供政策建议，为政府完善政策提供科学依据，促进北京市老年友好型社会建设工作。

- **开展北京大学畅春园老年友好社区创建工作**

　　按照北京市卫健委和市老龄办对改善老年人居住环境、方便老年人日常出行、提升为老年人服务质量、扩大老年人社会参与、丰富老年人精神文化生活、提高为老服务科技化水平以及管理保障等方面的要求，从居住环境、出行设施、社区服务、社会参与、孝老敬老氛围、科技助老智慧、管理保障等方面开展北京大学畅春园建设老年友好社区创建工作。

▶ 项目亮点一：老年友好社区评价清单

　　当前，随着我国人口老龄化的快速发展，在公共交通、居住环境、公共服务、社会参与和社会文化环境等方面暴露出的问题越来越突出，成为积极应对人口老龄化的重大风险因素。推进老年友好社区建设不仅意味着为补区老年人塑造友好、支持、尊重的物质空间和社会环境，同时也为普通居民提供了促进身心健康、和谐发展的条件，对处于人口老龄化加速期和城镇化转型发展期的中国社会具有格外重要的意义。

　　项目通过老年友好社区评价清单系统地对社区进行评价。老年友好社区评价清单紧紧把握老年友好社区的内涵，以发展思想作为指导，确保老年友好社区测度体系具备科学性、系统性、层次性和导向性；技术层面要求以统计思想为总领，严格考察入选指标的量化性、可得性和简明性。评价领域包括居室环境类、服务类、文化参与类以及科技类四大部分，与无障碍环境建设紧密相关。

- **环境类评价指标：**

　　居室环境、连接处及社区环境两部分，涉及室内、室外及楼梯间、电梯间环境评价的16项指标；

- **服务类评价指标：**

　　包含养老服务设施、六助服务、医疗服务、救助服务、健康宣传、喘息服务、照护服务等21项指标；

- **文化参与类评价指标：**

　　敬老孝老文化

　　积极老龄观

　　普法宣传

　　老年防诈骗

　　公共法律服务室

　　社区老年协会

　　社区老年志愿组织

　　社区老年文体组织

　　老年人参与居民代表会议

- **科技类评价指标：**

　　社区24小时生活服务热线

　　社区微信群

　　教老人使用手机的服务

　　老年人使用智能手机的比例估算

　　老年人家中有网络的比例估算

　　老年人使用电脑/平板的比例估算

　　智能化养老应用情况

▶ 项目亮点二：老年友好社区环境改造

- **地下管线更换，保障居民出行安全**

2016年，北京大学畅春园社区地下管线改造工程启动，拉开了老年友好社区环境改造工程的序幕。地下管线改造工程不仅为后续各项工程建设提供基础保证，同时，也为社区居民出行安全提供了保障。

图1-11-5　社区地下管线更换

- **适老化电梯改造，推动社区无障碍建设**

2017年1月，北京大学畅春园社区首部电梯建成并投入使用，截至目前共有15部电梯已交付使用。适老化电梯的建成极大地改善了老年人的出行境况，很多高龄老人从原本的几个月甚至几年都无法下楼，变为每天都能下楼进行活动。

图1-11-6　社区无障碍电梯改造

- **社区步道改造，增加居民活动空间**

　　电梯让老人下得了楼，但是老旧的方砖路面坑洼不平，腿脚不便的老人下得来却走不远。6栋楼的园区，办证车辆就有200余辆，人车混行危机四伏。2020年年底，完成了架空明线入地电缆的铺装，2021年4月铺设完成人车分离的红色沥青人行步道、更换了全部路灯，并且在步道边加装了三处路椅和多处围栏便于老人歇脚。

图1-11-7　社区步道改造前后对比图

- **智能化门禁系统升级，提升社区安防**

　　2020年5月，社区启动了智能门禁系统的民意调查统计，对是否同意更换智能门禁系统以及门体外观颜色等都做了为期一个月的公开全民投票。8月，门禁系统安装完成投入运行。自从该系统建成后，楼道内小广告现象基本已杜绝，楼道安防等级上了一个新台阶。

图1-11-8　社区智能化门禁系统升级

▶ 项目亮点三：老年友好服务环境建设

- **鼓励居民自治，推动友好社区建设**

居委会和居民之间有沟通、有互动，居民代表和居民大会起到了很好的桥梁纽带作用。打算安装门禁时，居委会向居民征集意见，有人担心人脸采集可能泄露隐私，居委会没有生硬否定居民意见，而是先从系统安全架构和公安部认证资质上亮出论据，然后告知是否采集人脸不做硬性要求，有多种开门方式，居民可根据自家需求来进行选择。有人提出门体外观颜色自己不喜欢，居委会就列出多种颜色，大家投票决定。凡此种种，都给予了居民最大的尊重，反过来居民也给予居委会最大的理解和支持。

图1-11-9 畅春园社区居民参加居民代表大会

- **社区—高校—医院协同，增进老年人社会融合**

依托北京大学，充分发挥大院式街道特长，畅春园社区活动开展具有得天独厚的便利条件，为老年人融入社会。例如北大校医院定期来社区进行养生保健讲座，增加老人们的健康知识；北大人口所来进行实习的同学们深入社区工作，为老年友好型社区建立做出提案；北大环科团队传授家庭厨余垃圾堆肥技术，和居民共同改善社区土壤环境；北大法律援助协会来社区做普法讲座和免费现场咨询，提高老人们对于法律知识的了解；北大体育教研部的中老年人运动健康促进团队为居民进行运动健康评估及精准运动指导，促进中年老年人主动健康；北大工学院带最新研发的面诊仪和脉诊仪给居民免费体验，为社区老人们带来最新的科技化产品。

图1-11-10 畅春园社区丰富多彩的老年生活

▶ 无障碍环境人才培养

在障碍环境人才培养方面，北京大学畅春园老年友好社区创建中先后招募60余名人口研究所与建筑与景观设计学院学生参与无障碍需求调查，在调查中培养无障碍意识，在实践中创造性提出创造无障碍环境的实际方案；培养多名博士和硕士开展无障碍实地调查和理论学术研究，产出了一些调研报告和研究成果。

从实践中来、到实践中去，北京大学人口研究所的同学们深入社区调研，察实情、出实招，友好社区创建充分反映实际情况，理论和政策创新更符合实际。在老年友好型社区建设的过程中，人口学、老年学、人口资源与环境经济学、社会工作专业的同学们深入社区进行调研，针对具体问题具体分析，结合不同专业课程，发挥专业特长，从实际出发，紧扣社区需求与民生热点，构建老年友好型社区环境的"学科"方案。

北京大学人口研究所师生在实践中充分发挥人口科学在社区服务领域的交叉学科优势、前瞻性优势，以人口科学理论和方法建设为基础，将"以人为本"的人文文化与客观求实的科学文化相结合，立足中国国情服务国家战略，以政策应用为目标开展系统人口学科建设，不断在社区服务领域开拓创新。从社区老年友好环境及无障碍环境的建设相关科研项目入手，利用专业知识，辅以社区治理工作推进，环环相扣，互为铺陈，建设老年友好型社区。通过燕园街道老年友好社区建设项目的持续化运作，树立了同学们的无障碍环境意识，培养了一批无障碍环境人才。

图1-11-11　人口所同学帮助居民进行园区绿化改造

图1-11-12　人口所同学陪同孤寡老人就医

图1-11-13　北京大学人口研究所所长
陈功教授为社区居民进行健康讲座

▶ 争选全国示范性老年友好社区

自2016年启动老年友好社区建设工程起，畅春园社区从适老化电梯建设、路面改造到路灯、路椅、门禁系统安装，环境的改造极大地改善了老年人的出行境况，很多高龄老人从原本的长期无法下楼，变为每天都能在社区参加活动。在环境建设的同时，也在不断健全畅春园社区的为老服务体制机制，在居家养老、互助养老、科技助老等各方面均取得有益成果，并为创建老年友好型社区提供了运动健康基础、协作共建基础和良好的生活环境基础。

老年友好型社区的建设促进了老年人的社会参与，丰富了社区老年人的晚年生活，提升了社区老年人的人际交往能力和条件。通过在社区的持续耕耘，社区内外部资源投入，为老年人提供福祉保障、满足不同层次需求的养老服务环境，如今改造后的畅春园社区，已被评选为全国示范性老年友好型社区，北京大学人口研究所也将继续发挥学科优势，在老年友好环境建设方面进行研究，持续发挥畅春园老年友好型社区创建方面的引领和示范效应，将其建设标准、经验、成果转化为其他社区可借鉴的经验及可推广复制的模式。

图1-11-14　全国示范性老年友好社区评估及环境改造

▶ 在老年友好社区建设之路上不断前进

　　畅春园老年友好社区的建设以无障碍环境建设为主，包括满足老年人生活需求的硬件环境，促进老年人健康和社会参与的软件环境，为老年人提供福祉保障、满足不同层次需求的养老服务环境。在物理环境方面应以满足人们不同生命阶段的居住需求为核心，关注基于差异的环境适应性，强调建成环境对老年人身体机能退化、认知和社会交往能力减弱的弥补与援助，促进老年人充分参与社区生活并促进健康积极的老龄化，同时为其他长期或暂时行动不便的人士提供方便。"倾听老年人心声，响应老年人需求，发现老年人优势，创造老年人机会"是畅春园社区对"老年友好型社区"的独到理解。畅春园居委会希望通过不断的努力，除了营造对于老年人友好的生活硬件环境以外，还能让更多人感受到畅春园老年人对社会的友好，让每一名生活于此的老年居民更体面、更幸福、更自豪。

　　如今的畅春园西区，已经重新焕发了青春。燕园街道将进一步积极探索建立老年友好型社区创建工作模式和长效机制，着力提升社区服务能力和水平，促进老年人保持健康、独立和自理，持续融入和参与社会，进一步实现"老有所居、老有所养、老有所乐、老有所为"。

图1-11-15　畅春园社区居民风采

CHAPTER 02

设计类
DESIGN

- 北京市残疾人职业康复和托养服务中心无障碍专项设计
- 上海阳光康复中心项目
- 北京按摩医院扩建项目
- 改建铁路北京铁路枢纽丰台站改建工程丰台站房
- 清华大学校园总体规划（2021—2030）无障碍专项规划
- 弯湾·爱生活残疾人社会融合共享体

北京市残疾人职业康复和托养服务中心无障碍专项设计

中国·北京

导读：北京市残疾人职业康复和托养服务中心项目是对现有建筑的整体改造，是一个城市大型残疾人服务建筑。在设计过程中，我们努力将无障碍设计充分融入建筑设计的每一个角落，同时又不让使用者感到是刻意而为，于无形之中体现无障碍设计，而不是为了实现某一类使用者无障碍体验而忽略了其他人群的正常建筑体验。使无障碍设计实现"残健共享""残疾人优先"的原则。我们的最终目的是将原建筑改造成一个为残疾人服务的专业场所，打造为"残疾人托养服务、职业康复劳动及庇护型就业示范、残疾人就业服务"的窗口。

项目为2022年冬奥会、冬残奥会对外接待展示窗口；全国无障碍示范性窗口。

改造前　vs　改造后

图2-1-1　改造前后对比图

▶ 项目概况

项目地点	北京市丰台区	**建 筑 规 模**	350床托养床位
建设时间	2021年	**主 要 功 能**	残疾人职业康复及托养服务
建筑类型	康复托养建筑	**设 计 单 位**	北京市建筑设计研究院有限公司
建筑面积	33206m²	**主要参与人员**	王　佳　张　圆　姜　薇　马永慧　宁顺利

▶ 设计思路

　　无障碍设计不只是以一部分残疾人为对象的建筑和城市设计，而是无论在哪里，无论是谁都要使用方便的设计，无障碍设计实现"残健共享""残疾人优先"的原则。项目在设计中试图将"生命之树"这个理念引入到建筑中来，从建筑的外观到内部的空间始终贯穿此设计思路。希望建筑能够像大树一样为残障人士提供一个遮风避雨港湾，同时希望残障朋友能够像大树一样，在这里汲取营养，具有顽强、旺盛的生命力。

　　我们主要从八个主题来阐述本案的无障碍设计思路及主要技术亮点，包括共享大厅、阅读体验空间、托养空间、服务走廊空间、电梯、卫生间、标识、其他。重点设计如下：

1.共享大厅

对外公共服务的共享大厅：

　　四颗象征着生命之树的柱子支撑起通高的共享空间，代表着北京残联阳光、共享、平等、融合的理念。在这里，职业技能培训、开放的商业空间、公共对外服务等无障碍空间围绕着这个中庭全部展开。项目在入口处设置了高低位服务台、盲文地图、智能导航、手语翻译、可视系统等无障碍的服务设施。

图2-1-2　共享大厅效果图

2.阅读体验空间

图2-1-3 阅读体验空间

阅读体验空间：

用书架代替了坡道的栏板扶手，在行进路线方向不断转折，使空间看起来像起伏的山丘一样。项目希望通过这样的设计尝试着把无障碍消隐到建筑中，使其自然地成为建筑空间的一部分。局部设置了休息、阅览、停留的空间。盘旋上升充满动感的坡道，给围合而成的活动空间带来了生机。坡道不再只是轮椅的行进空间，也是公共空间构成的一部分。在上部的坡道也被赋予了在高大的书架上取书、阅览、停留的功能。

设置升降衣柜，方便坐轮椅者收取衣物；床头设置呼叫按钮，便于呼救；设置L形抓杆，辅助起卧；防滑地面、防撞护角对残疾人进行保护；设置轮椅存放空间，方便轮椅存放。

内部升降式衣柜　底部可进入　呼救按钮　L形抓杆　防滑耐磨地面　轮椅存放空间　防撞护角　阳角倒圆角

图2-1-4　无障碍卧室

设计绿植墙调节局部空气，增加空间生机；设置防护栏杆、圆角装饰保障安全；设置带扶手座椅方便助力起身；设置柔性防滑地面提高安全系数，局部加强照明方便低视力者，桌子下部透空方便轮椅进入。

绿植墙　防护栏杆　带扶手座椅　柱子圆角装饰　柔性防滑地面　局部加强照明　桌子下部透空

图2-1-5　无障碍共享客厅

4.服务站、走廊空间

防撞带　　　高低位服务台　　　容膝空间　　　设置防撞护角

图2-1-6　服务台

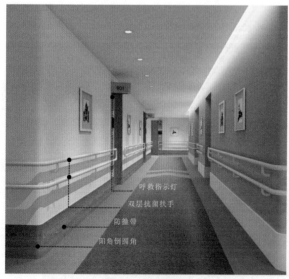

呼叫指示灯
双层抗菌扶手
防撞带
阳角倒圆角

图2-1-7　廊道空间

服务台

　　设置防撞带、防撞护角对使用者进行保护；设置高低位服务台便于不同需求使用者使用；设置容膝空间方便坐轮椅人士使用。

廊道空间

　　设置呼叫指示灯；设置三角导视牌便于房间识别；设置双层抗菌扶手便于不同需求使用者使用；设置防撞带、防撞护角对使用者进行保护。

12° 倾斜高位运行显示　低位运行显示　无障碍电梯标识　脚踏呼梯按钮　门洞八字口　报层音响　　T形提示盲道　带盲文双层扶手

图2-1-8　电梯厅

电梯厅及电梯内部：

　　入口采用了八字形，并且在侧面设置了低位运行显示，方便使用者在电梯厅的每一个角度观察电梯的停靠情况。设置了脚踏按钮以及倾斜角度的高位运行显示。方便无上肢人员的实用化。视障人士通过盲道、扶手，以及报层音响，可以便捷的使用电梯。

　　在电梯内部同样延续了各种无障碍设施。比如整面的落地观察镜、靠近内侧的低位按钮。带数字突起的盲文按钮、具有延时功能的开关，语音对讲以及更大屏幕的运行显示。

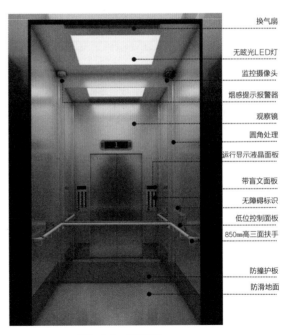

换气扇

无眩光LED灯

监控摄像头

烟感提示报警器

观察镜

圆角处理

运行显示液晶面板

带盲文面板

无障碍标识

低位控制面板

850㎜高三面扶手

防撞护板

防滑地面

图2-1-9　电梯内部

6. 卫生间

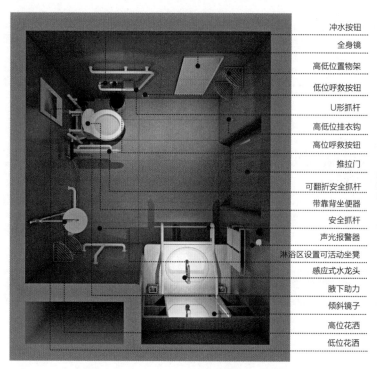

冲水按钮
全身镜
高低位置物架
低位呼救按钮
U形抓杆
高低位挂衣钩
高位呼救按钮
推拉门
可翻折安全抓杆
带靠背坐便器
安全抓杆
声光报警器
淋浴区设置可活动坐凳
感应式水龙头
腋下助力
倾斜镜子
高位花洒
低位花洒

图2-1-10 托养卫生间

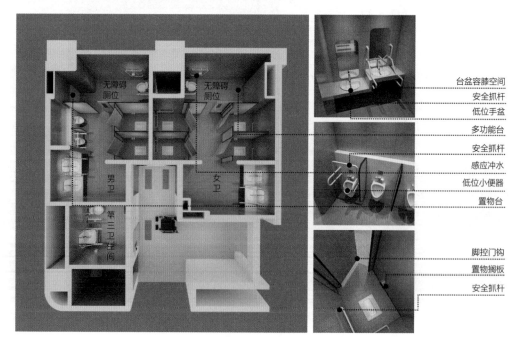

台盆容膝空间
安全抓杆
低位手盆
多功能台
安全抓杆
感应冲水
低位小便器
置物台

脚控门钩
置物搁板
安全抓杆

图2-1-11 公共卫生间

标识设计：

　　遵循无障碍设计规范，从视觉（色彩适应性、多媒体）、听觉（声音传输、手语翻译）、触觉（盲文，立体图形）设计出发。符合人体工程学，从站立及轮椅视觉高度均能适合读取有效信息。并严格遵循盲文规范标准制作盲文，设计符号符合规范。

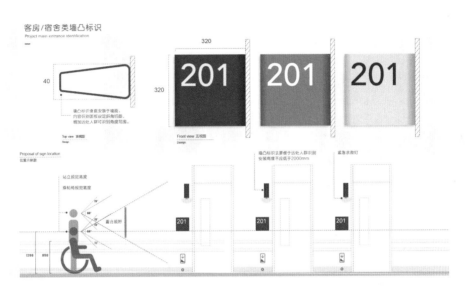

图2-1-12　客房/宿舍凸标识

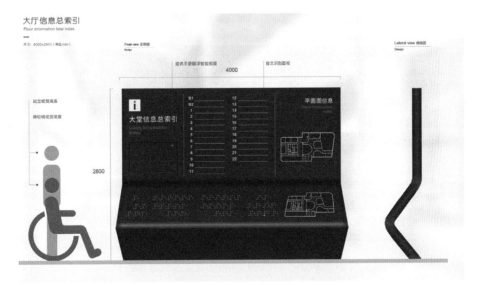

图2-1-13　大厅信息总索引

8. 其他

多功能厅：

三层的多功能厅：没有设置固定座席，一方面可以更好地适应轮椅席位的需求，另一方面，在平时也是供残障人士开展文体活动的公共空间。在这里设置了无眩光的照明、带有坡道的主席台，以及手语翻译显示屏幕。

图2-1-14　多功能厅

低位服务台：

低位服务台：所有服务台及咨询台均设低位，下部预留足够的容膝空间。

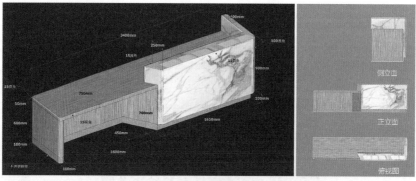

图2-1-15　低位服务台

9. 设计难点与挑战

项目由于是既有建筑改造项目，核心筒改造是重点及难点。由于原建筑使用性质为办公，楼电梯均不满足无障碍要求，设计时对大楼的核心筒做了较大的改造，原楼电梯全部拆除，结构剪力墙也进行了拆改，最终实现楼梯无障碍化，电梯无障碍化及增加病床梯的需求。

增设共享大厅：原大楼裙房进深大，采光差，为了实现阳光融合，残健共享，生命之树的设计理念，将原楼板及局部柱子拆除，做成四层通高的共享大厅，通过屋面玻璃穹顶将阳光引入，给无障碍人士赋予精神层面的尊重。

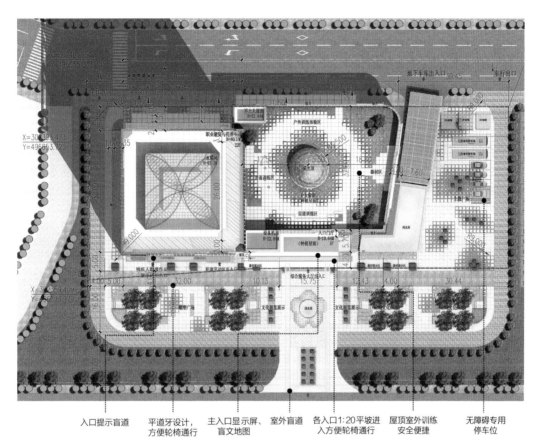

入口提示盲道　　平道牙设计，　　主入口显示屏、　室外盲道　各入口1:20平坡进　屋顶室外训练　无障碍专用
　　　　　　　　方便轮椅通行　盲文地图　　　　　　　　入方便轮椅通行　安全便捷　　　停车位

图2-1-16　总平面图

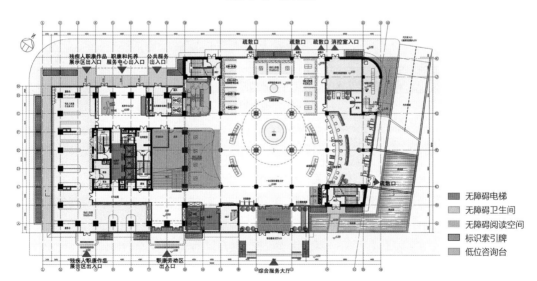

■ 无障碍电梯
■ 无障碍卫生间
■ 无障碍阅读空间
■ 标识索引牌
■ 低位咨询台

图2-1-17　首层平面图

上海阳光康复中心项目
中国·上海

　　导读：2007年的世界特殊奥林匹克运动会是一场举世瞩目的体育赛事，也是第一次由发展中国家举办的一场弘扬人道主义的盛会。此次运动会由中国上海举办，充分体现了中国政府对残疾人士的关爱，也体现了国际社会对中国社会文明进步的肯定。

　　上海阳光康复中心项目是本届比赛的训练场地和主要生活场所，是中国和上海对外展示残疾人事业发展的窗口，也是进一步探索和建设残疾人事业的基地。此类综合性项目在国内推广具有良好的示范性。

　　阳光康复中心涵盖了残疾人的学习工作、职业培训、生活居住修养、康复治疗、运动锻炼、后勤保障、交流接待等诸多功能。以肢残、盲人、聋哑人、弱智、精神残疾五类年龄跨度不同、男女皆有的残疾人为服务对象。有助于提升上海市残疾人的康复训练、医疗保健、职业教育设施条件与生活水平，依托松江大学城的高等教育资源，满足残疾人渴望得到的诸如大专及以上的学历等多种需求，进一步提高残疾人就业能力，加快上海残疾人事业的文明发展。

图2-2-1　整体鸟瞰图

▶ 项目概况

地　　　址	上海市松江区	占 地 面 积	200亩
建筑类型	体育建筑	主 要 功 能	职业培训楼 康复医疗楼 会议接待中心
建筑面积	60000m²		餐厅后勤中心
		设 计 单 位	华东建筑设计研究院有限公司
		主要参与人员	李　军　万　程　王娜雯　宁汇霖　邹东升
			石洛玮　刘海军

▶ 技术难点和设计思路

项目在建筑设计中对无障碍设计建设的基本内容进行了反思与探讨。无障碍设计应力求使残疾人与所有正常人一样，都能够没有障碍地参与社会活动。理论上凡是公共的场所，正常人与残疾人都应能够到达。全国和上海规范都从不同的角度提到了其设计的范围，涉及的深度与广度也十分严格。但从真正实施的情况来看，残疾人无障碍设施的普及并没有达到规范规定的深度。无障碍涉及的范围，设计实施的贯彻性和实用性才是更加重要的。从国外公共设施可以看出无障碍设计是作为同政策设计一样的，这些设施本身也不仅仅是残疾人使用，老年人与孩子甚至正常人也是作为方便设施来使用。

考虑到这种观念，在工程设计中，无障碍设计的体现并不仅仅是设置残疾人专用的设施，而是从硬件和软件，从五类残疾人共同组合在一起的特殊性出发来研究，力求使得整个设计本身就是无障碍设计，具体设计思路体现在以下六个技术亮点方面：

（1）城市道路、区域道路

（2）建筑物

（3）交通方面

（4）通信信息方面和标识信息无障碍设计

（5）生活方面

（6）无障碍设施建设的特殊内容

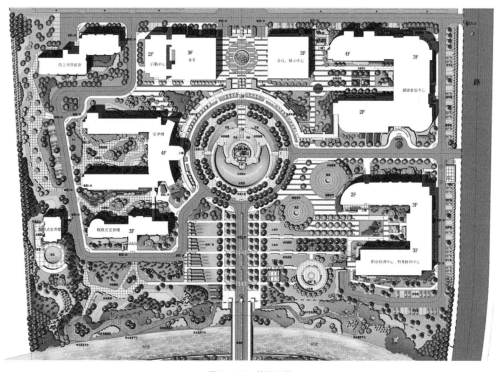

图2-2-2　总平面图

▶ 无障碍设计要点1——城市道路、区域道路方便人群使用

　　项目整合后的交通流线从全局观出发，寻求合理的人车分流解决办法，达到人车分流的目的，形成内外环相结合的交通组织，同时注重无障碍设计理念在道路上的体现。车行流线主要由东面龙梅路进入，内部呈环状布置，围绕中心广场连接整个"中心"的各个建筑群体。主要建筑群体都按院落形式为何成相对独立的空间，次要车行流线就是联系建筑群的内部道路，满足车行便捷、人行安全两方面的要求。

　　在"中心"南侧设人行主要出入口，直达中心广场。人行流线围绕中心广场以连廊的形式连接各个功能空间，充分照顾了残疾人的行动。盲道布置和坡道设计充分考虑和尊重残疾人的行为规律和便利。

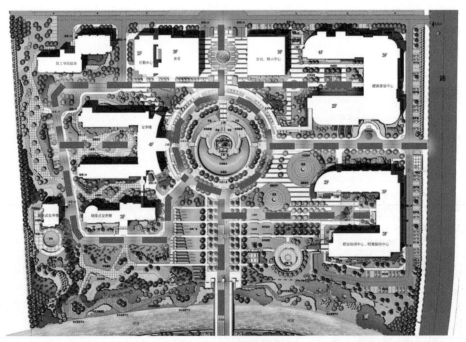

图2-2-3　无障碍流线图

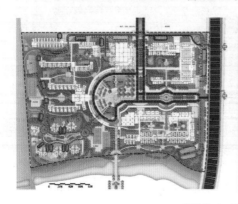 

图2-2-4　其他交通流线图

▶ 无障碍设计要点2——建筑物综合统筹考虑

重点考虑建筑无障碍入口；全区主出入口取消台阶以缓坡代替；轮椅坡道；门；无障碍通道；无障碍电梯；无障碍厕所；无障碍标志；无障碍停车位；低位服务台、公共电话、饮水机。

- **无障碍入口**

  坡度1:50，宽度大于1500mm，特别强调在区内所有建筑主出入口均不设台阶。

- **门**

  建筑主要出入口采用自动门；自动门净宽大于1000mm，门扇安装横执把手和关门拉手，门扇的下方安装高350mm的护门板，并安装视线观察玻璃，门槛高度及门内外地面高度差小于10mm，并以斜面过渡，同时考虑了不同色彩的门，用以配合室内环境。

图2-2-5　入口实景图

- **楼梯、台阶**

  采用直线形梯段，宽度大于1500mm，楼梯两侧均设扶手，踏面采用防滑地砖，室外次要出入口台阶宽度适当放宽为600mm，高度为140mm，用以适应实际使用中的需要。

图2-2-6　展示中心实景图

图2-2-7　康复中心实景图

图2-2-8　安养楼实景图

图2-2-9　职业培训中心实景图

▶ 无障碍设计要点3——交通安全便捷高效

- **无障碍通道（通路、走道和地面）**

    轮椅通行走道和通路的最小宽度为1200mm，通路平整、防滑、施工严格不松动同时增设地漏，使其不积水，人行通路室外使用防滑透水砖材料铺设，室内采用合成塑胶材料建设；室内走道两侧墙面均设合成塑胶扶手和1000mm高木制护墙板和墙砖两种型式用于不同的楼中，扶手截面直径尺寸为40mm，十分易于抓握，扶手托架的高度为70mm，扶手内侧与墙面的距离为50mm，扶手起点水平段安装盲文铭牌；所有通道墙角均为弧墙而且色彩丰富多彩。

- **停车位**

    将通行方便、距离路线最短的停车位作为无障碍停车位，车位的地面平整、坚固和不积水，地面坡度1:50，车位一侧设宽度1200mm的通道，供乘轮椅者从轮椅通道直接进入人行道和到达建筑入口，车位尽端设无障碍标志牌。

图2-2-10　无障碍通道实景图

▶ 无障碍设计要点4——通信信息准确传递信息

重点考虑电视台文字显示系统；电视台手语讲解系统；聋、盲者求助报警和GPS定位系统；盲人计算机系统；聋者信息电话和手机短信系统；公共场所文字和音响导行系统及开关设备选择。

- **盲文标志**

  采用盲文地图、盲文铭牌、盲文站牌导行手册和语音提示系统等设在全区各个范围。

- **无障碍标志**

  全区采用国际通用无障碍标志，并与专业单位一起予以布置。

- **色彩**

  色彩对残疾人而言是个系统工程，十分重要，既关系到美观，更关系治疗。如对于少数不完全失明的盲人，采用鲜艳的原色；同样对于儿童可以色彩略鲜艳些，而对青壮年及老年，色彩就易中性些；即使是这样也需考虑不同的残疾人类型；此外在房间朝向、部位都存在如何使用色彩的问题；设计对此作了大量的考虑应用于工程中。

警告型盲道

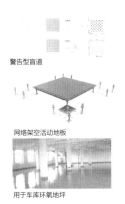
网络架空活动地板

用于车库环氧地坪

语音导向系统

无机涂料装饰板

图2-2-11 园区内部细节设计

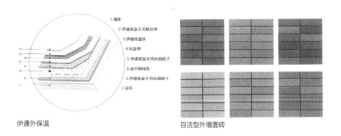
伊通外保温

自洁型外墙面砖

图2-2-12 墙面选择示意

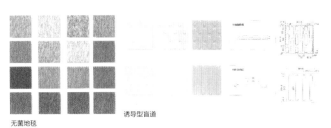
无菌地毯

诱导型盲道

图2-2-13 色彩选择示意

▶ **无障碍设计要点5——生活人性温馨实用**

- **无障碍厕位**

　　门采用自动门，门宽大于800mm；无障碍厕位门外开时长度大于2000mm，宽度1500mm；采用坐式便器高度为450mm，厕位两侧距地面700mm处长度700mm的合成塑胶水平安全抓杆，其中一侧的墙面安装L形安全抓杆，安全抓杆直径为40mm，内侧距墙面50mm，同时设计少量平地式厕位，采用了感应型水龙头、长柄型水龙头和恒温水龙头等。

- **无障碍厕所**

　　面积大于2000mm×2000mm；设坐便器、洗手盆、放物台和呼叫按钮，男厕所内设低位小便器；坐便器高度为450mm，两侧和墙面设置安全抓杆；洗手盆采用悬挑式，两侧离地面700mm处设水平拉杆；放物台长度大于700mm，宽度300mm，高度为700mm；门的净宽大于800mm；安全抓杆的设计低位小便器下口距地面高度500mm，小便器两侧在离墙面550mm处，设高度为1200mm的垂直式安全抓杆，并在顶端离墙面250mm处设水平安全拉杆，与垂直安全抓杆连接以增加强度和牢度。

- **无障碍浴室**

　　采用淋浴间形式，面积为3.5m²；地面防滑和不积水；浴间入口采用互动门帘；更衣台高度为450mm，深度大于450mm，座椅高度为450mm，深度大于450mm；安全抓杆更衣坐台和淋浴座椅两侧的墙面上各设离地高900mm、水平长度为800mm的安全抓杆，并在淋浴座椅一侧设与水平抓杆垂直、高1500mm的垂直抓杆；呼叫按钮距地面高400mm处设置，特别在更衣箱边上和淋浴站位边上设扶手。

扶手

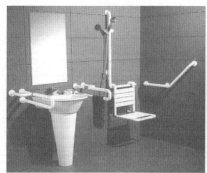 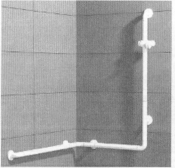 

淋浴，洗手盆扶手　　　　　　　淋浴转角扶手　　　　　　　小便器扶手

图2-2-14　无障碍扶手细节设计

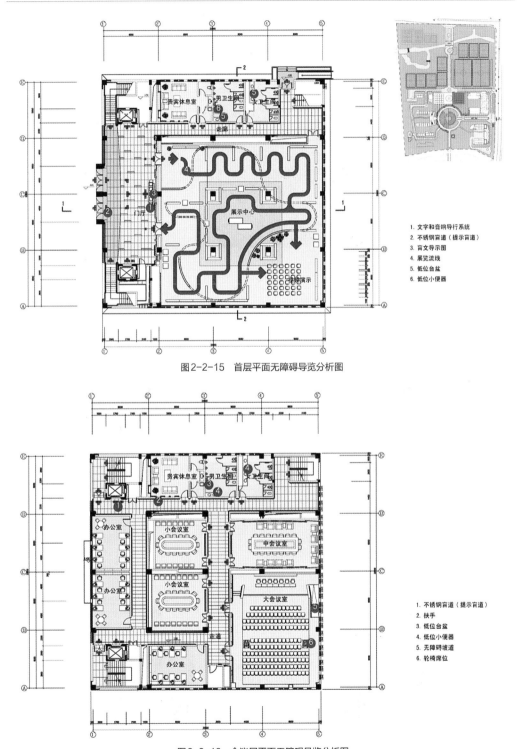

图2-2-15 首层平面无障碍导览分析图

1. 文字和音响导行系统
2. 不锈钢盲道（提示盲道）
3. 盲文导示图
4. 展览流线
5. 低位台盆
6. 低位小便器

图2-2-16 会议层平面无障碍导览分析图

1. 不锈钢盲道（提示盲道）
2. 扶手
3. 低位台盆
4. 低位小便器
5. 无障碍坡道
6. 轮椅席位

▶ **无障碍设计要点5.2——康复安养楼单元房间节点分析**

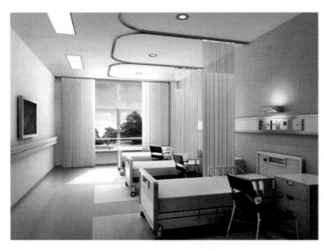

图2-2-17 三人病房效果图

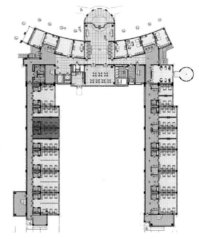

图2-2-18 房间位置示意

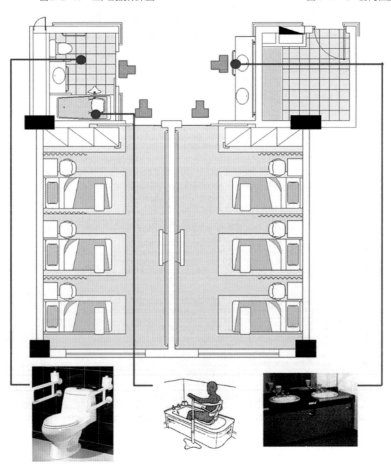

图2-2-19 康复安养楼单元房间节点分析

▶ 无障碍设计要点6——无障碍设施建设的特殊内容

重点考虑商业餐饮，无障碍结算通道和低位服务台；宾馆内无障碍客房的设置，无障碍卫生间和浴室的设置；银行、邮局低位服务台的设置；会议、礼堂轮椅席位、低位售票处、主席台轮椅坡道、贵宾休息室无障碍厕所的设置；运动场轮椅席位、轮椅坡道、无障碍厕所的设置；医疗中心低位挂号窗台、低位取药窗台的设置；培训中心梯形教室内轮椅席位、灯光照明的设置；阅览室轮椅席位和低位查询系统的设置；安养楼呼叫系统、盥洗间布局、厕所内安全抓杆、浴室内安全抓杆的设置。

- **低位服务台**

  台面离地高度800mm，宽度1000mm，服务台下方净高700mm，净深500mm，台前有轮椅回转空间；电话台前设置盲文铭牌，边上挂式电话离地1000mm。

- **其他仅举墙面为例**

  对于聋哑人就需采用有益吸声墙和扩声的轻质墙，对于肢残人就需考虑耐冲击、有强度的墙体材料；对于顶棚采用了有助于反光增加照度的色彩和材料。

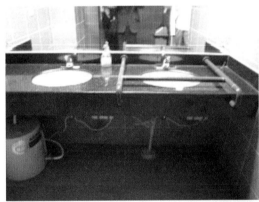

图2-2-20　室内实景图

北京按摩医院扩建项目
中国·北京

导读：北京按摩医院创建于1958年，现址位于北京市西城区宝产胡同，是在北京市中医管理局注册的二级甲等中医专科医院和北京市基本医疗保险定点专科医院，是北京地区唯一的一所中医按摩专科医院。现院址占地4000m²，建筑面积2970m²，现有职工约300人。北京按摩医院新址位于北京市朝阳区广渠路36号地块西部，东临朝阳区综合医疗服务中心，南至南磨房路，西至武圣北路，北至八棵杨南街，西侧邻近地铁10号线劲松站，交通十分便利。

项目约有一半医护人员为视障或视弱人士，特殊性为项目无障碍设计的关键词。因此项目的无障碍设计重点在于全面贯彻无障碍理念，适当提高无障碍设计标准，以实现无障碍设计全覆盖。项目的无障碍设计为无障碍医护工作者提供了一个安全、友好的工作环境，同时也为行动不便的病人提供了方便、快捷的就医环境，为日后的医院建设具有指导意义和示范作用，成为展示我国人文形象与残疾人无障碍服务保障水平的窗口。

图2-3-1 主入口效果图

▶ 项目概况

地　　址	北京市朝阳区	建 筑 高 度	门诊楼34.30m，住院楼38.20m
建设时间	2016年	设 计 单 位	中国电子工程设计院有限公司
建筑类型	医疗建筑		王振军工作室＋"蔓·设计"研究中心
建筑面积	39899m²	主要参与人员	王振军　孙成伟　陈珑　李　达　夏　璐
容 积 率	2.2		鲍亦林　徐　彤　王舒越　朱　谓　牟冰峰
建筑密度	31.4%		赵玮璐　邓　涛　时　菲

▶ 建筑设计理念 —— 传统神韵，当代表达

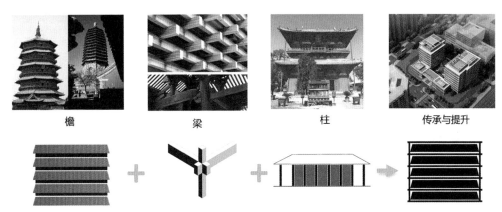

檐　　　　　梁　　　　　柱　　　　传承与提升

图2-3-2　建筑设计理念生成（图片来源：https://image.baidu.com/）

▶ 建筑设计理念 —— 传统神韵，当代表达

中庭景观设计理念：空间景观的层次感和礼仪性塑造

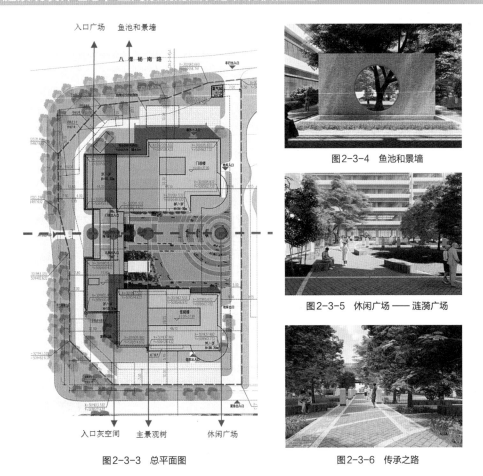

入口广场　鱼池和景墙

八　棵　杨　南　路

图2-3-4　鱼池和景墙

图2-3-5　休闲广场 —— 涟漪广场

入口灰空间　主景观树　休闲广场

图2-3-3　总平面图

图2-3-6　传承之路

▶ **无障碍设计要点**

- **设计手法**
  - · 逢棱必圆、逢台必坡、逢高必低、逢陡必缓、逢滑必涩、逢沟必平、逢隙衔接、逢源左右
  - · 路径畅通无阻、路面平缓无滑、路口曲径通幽、路基无棱圆弧
  - · 扶手连贯牢固、台面高低起伏、台阶坡度平缓、台口无缝衔接
  - · 高低光度鲜明、标识高悬醒目、色彩柔和清晰、选材用料适宜
  - · 安全便捷通达、防滑耐磨畅行、系统均衡有度、实用规范高标

图2-3-7　儿科门诊效果图

设计原则	设计理念	设计策略	设计难点	设计措施
· 公平性原则 · 简洁直观原则 · 错误宽容性原则 · 使用便利性原则 · 合理性原则 · 先进性原则	· 保障为主 · 通用为主 · 适用为主 · 体验为主	· 适当提高无障碍设计标准 · 无障碍设计全覆盖 · 无障碍设计的普适性和特殊性	· 服务人群特殊性：多为行动不便的老年人 · 从业人群特殊性：约有一半医护人员为视障或视弱人士	· 设置轮椅的回转、轮椅的可达性等无障碍措施 · 设置提示盲道、语音提示等无障碍措施

图2-3-8　建筑剖面图 —— 光庭植入　立体绿化

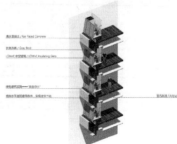

图2-3-9　墙身设计 —— 花池

无障碍空间设计主要分为交通空间、医疗空间、辅助空间和声音定位中心。

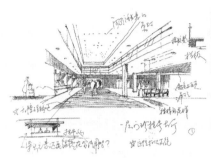 

图2-3-10　门诊大厅

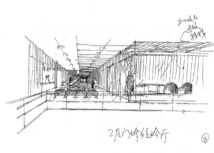 

图2-3-11　门诊候诊区

图2-3-12　地下夹层候诊区

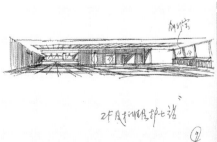 

图2-3-13　护士站

▶ **无障碍空间设计2**

· **交通空间**：主要就诊楼层设置扶梯，在垂直交通尺度的扶手，楼梯间尽量采用自然采光和通风。
减小建筑体量，精简标准层及护理单元面积，缩短室内走廊长度，减少交通空间。

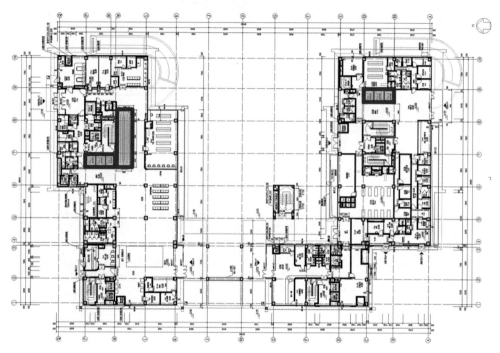

图2-3-14　扶梯及患者电梯位置

· **医疗空间**：门诊大厅中设置休息空间和轮椅停放空间。候诊区设置适当的休息空间，保持良好通
风与采光，走廊尽端设置外窗。分诊台、收费窗口等设置轮椅回转空间。

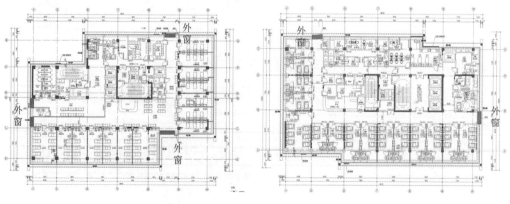

图2-3-15　门诊楼标准层平面图　　　　　　　　图2-3-16　住院楼标准层平面图

▶ 无障碍空间设计 3

· **辅助空间**：设置无障碍卫生间，保证轮椅回转空间，增加转弯半径。在厕位隔断上安装扶手及挂钩或置物架。水龙头设置感应式出水，减少交叉感染。

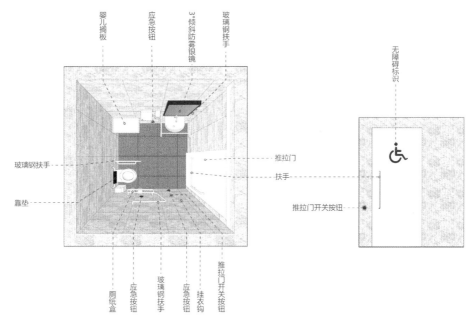

图 2-3-17　无障碍卫生间顶视图

· **声音定位中心**：在首层架空区域设置小型水池，利用落水发出声音，从而对医院的交通中心进行声音定位。

图 2-3-18　声音定位中心 —— 鱼池和景墙

▶ **无障碍设施设计 1**

无障碍设计设施主要考虑无障碍出入口、无障碍电梯、无障碍卫生间、无障碍病房、低位服务设施、无障碍标识系统、防撞扶手及提示盲道、无障碍停车位、无障碍园林等。

· **无障碍出入口**：室内外高差150mm，采用平坡出入口。

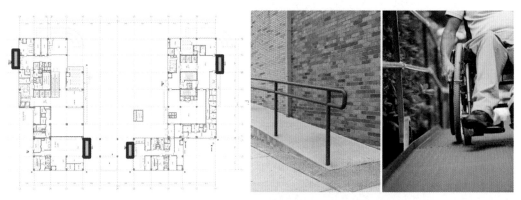

图2-3-19　无障碍出入口位置及示意图（图片来源：https://image.baidu.com/）

· **无障碍电梯**：除污物电梯外，均为无障碍电梯。

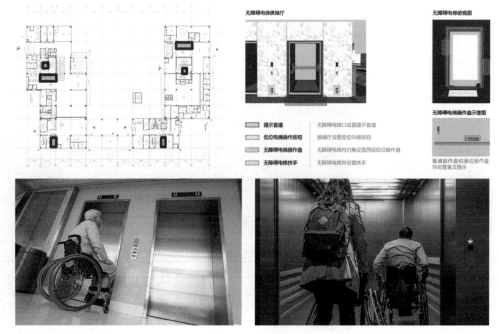

图2-3-20　无障碍电梯位置及示意图（图片来源：https://image.baidu.com/）

· **无障碍卫生间**：门诊楼自地下一层起每层均设置两处独立式无障碍卫生间。规范条文："医疗康复建筑首层应至少设置一处无障碍厕所"。

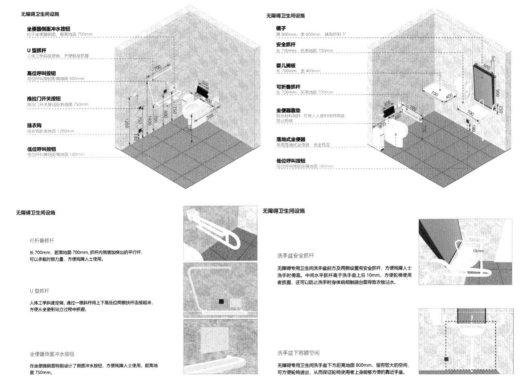

图2-3-21　无障碍卫生间详图

· **无障碍病房**：七间，住院楼二至八层每层设置一间。

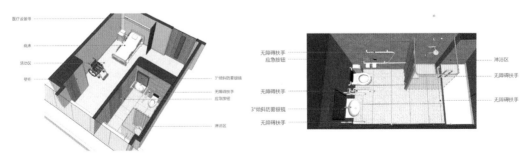

图2-3-22　无障碍病房详图

▶ **无障碍设施设计 3**

· **低位服务设施**：护士站、导诊台、挂号窗口、收费窗口等均设置低位服务。上表面距楼地面高度为750mm，下部留有宽750mm，高700mm，深450mm的轮椅转向空间。

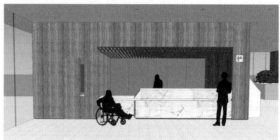

图2-3-23 低位服务设施示意图（图片来源：https://image.baidu.com/）

· **无障碍标识系统**：设置盲文引导、语音导航系统及声光报警系统。

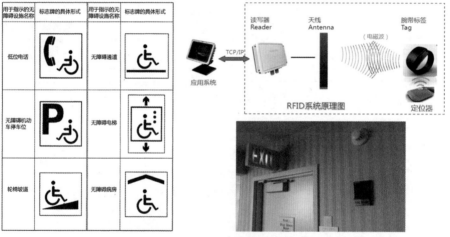

图2-3-24 无障碍标识系统示意图（图片来源：https://image.baidu.com/）

· **防撞扶手及提示盲道**：在医护人员使用频率较高的诊室及楼梯设置。

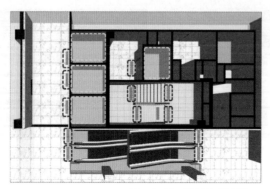

图2-3-25 防撞扶手位置图

▶ 无障碍设施设计 4

· **无障碍停车位**：适当提高无障碍停车位比例，按照10%设置，共设置12处无障碍停车位；均设置于地下二层及地下三层靠近无障碍电梯处；地下三层人防区域进入无障碍电梯侯梯厅的人防工程门均采用钢质活门槛门。

图22-3-26　无障碍车位示意图（图片来源：https://image.baidu.com/）

· **无障碍园林**：园区内设置盲道，引导视障人士进入楼内。

图2-3-27　无障碍园林效果图

　　丰台站是北京地区的重要门户，是结合周边区域规划，打造站城一体、人文关怀的先行典范。作为新时代铁路客站的开篇之作，丰台站在满足铁路旅客、枢纽旅客多样化需求的前提下，同时融合周边城市功能，是我国首座采用高速、普速客运车场重叠布置的大型客站，地下引入北京地铁10号线和16号线，主要承担京广客专、京港台高铁、京广、丰沙、京原、京九、京沪线旅客列车始发终到作业。

　　丰台站在设计之初就以打造"畅通融合、绿色温馨、经济艺术、智能便捷"的现代化铁路客站枢纽为目标，全力建设成精品智能客站示范工程。丰台站是包含国铁站房工程、市政配套工程、城市轨道交通工程以及地下空间工程的大型城市综合体。在满足旅客出行便捷性同时，对社会中残障人士和需要关怀照顾人士（老年人、儿童、伤病员、携带重物者等，以下简称有障碍人士）的设计进行了充分的考虑，在站房的设计中设计师在多项基础设备设施及建筑中体现了对无障碍设计的相关设计。

图2-4-1　丰台站室内效果图

▶ 项目概况

设 计 时 间	2017—2021年	**建筑耐久年限**	结构安全等级为一级
项 目 地 点	北京市		设计基准期50年，耐久性年限100年
建 筑 面 积	398845m²	**建筑耐火等级**	一级
建筑结构形式	框架结构	**设 计 单 位**	中国铁路设计集团有限公司
抗震设防烈度	8度（0.20g）	**主要参与人员**	李　博　沙黛诺　侯顺心　杨　聍　兰泓静

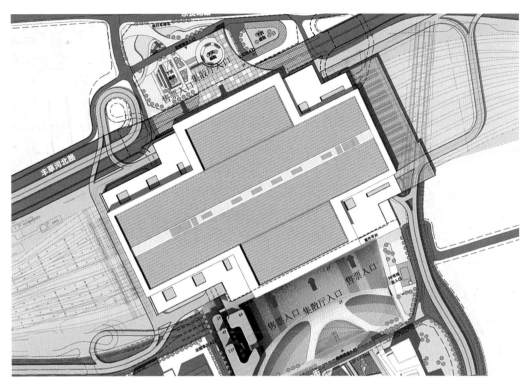

图2-4-2　丰台站总平面图

▶ **设计理念**

· **一座集约高效的车站**

从节约增效的角度看，在既有的用地范围内，最大程度上整合、完善铁路站场设施和站房建筑功能。采用双层车场的设计，对于站房本身既节约土地，同时提质增效。

对于城市，集约整合交通资源配置，可节约城市交通基础建设成本，同时是对新型交通建筑的探索，是对城市发展的尊重。

· **一座服务城市的车站**

从交通枢纽的角度看，丰台站具备先进、完善的立体交通换乘功能，更好地疏解人流。

充分发挥交通枢纽的作用，加强交通接驳的能力，多元化的功能组成满足城市多方面需求，引领带动周边区域发展。

· **一座绿色智能的车站**

从智能人性化的角度看，通过以"绿色建筑"为目标进行规划与设计，从"节地、节能、节水、节材、舒适室内环境"各方面着手，融入绿色建筑理念，落实绿色技术措施。

利用信息智能技术的高速发展，为旅客出行提供便捷的智能化服务，打造智能车站。

图2-4-3　丰台站室外效果图（一）

图2-4-4　丰台站室外效果图（二）

▶ 技术亮点

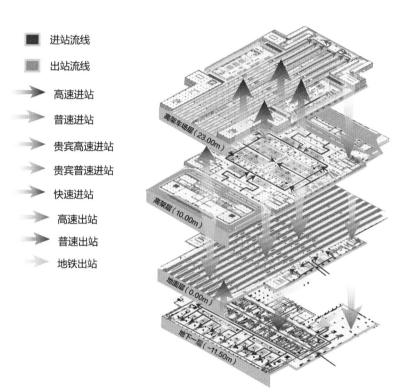

- ■ 进站流线
- ▨ 出站流线
- ⇒ 高速进站
- ⇒ 普速进站
- ⇒ 贵宾高速进站
- ⇒ 贵宾普速进站
- ⇒ 快速进站
- ⇒ 高速出站
- ⇒ 普速出站
- ⇒ 地铁出站

高架车场层（23.00m）

高架层（10.00m）

地面层（0.00m）

地下一层（-11.50m）

图2-4-5　丰台站流线剖面示意

图2-4-6　丰台站剖视图

▶ 技术解决难点

丰台站坚持"以人为本"的出发点，以无障碍设计是基于全体人群与全年龄段人的需求和感受出发，坚持安全性、通用性、精细化、系统性及高标准基本原则。

丰台站为双层车场建筑，建筑在0m及23m设置两个大型车场，在建筑中为解决竖向提升问题，设置电梯96座，公共空间内电梯全部配备无障碍电梯。在公共区域按照城市卫生间规范配置卫生间系统，同时在进站系统内男女卫生间配备无障碍厕位、无障碍小便器，儿童小便器及儿童洗手盆。在所有卫生间附近均配备第三卫生间或无障碍卫生间，高于国家相关标准配备第三卫生间内相关设备设施。

在站房的楼梯、直梯、扶梯及站台靠近列车侧设置提示盲道系统。在建筑入口处及有可能出现高差的部位均采用坡道进行衔接，合理设置无障碍坡道及辅助设施，满足轮椅使用者行进需求。同时在所有主要旅客场所如候车室、售票厅、饮水间、问询台等配备低位服务设施。在地下公共停车场按照国家标准配备无障碍停车位。为有障碍人士（残疾人、老年人、孕妇等）提供一定数量的无障碍车位，并实现与停车场出入口及人行通道的无障碍连接。根据轮椅使用者的行为需求，提供适宜的无障碍车位尺寸及辅助设施。

图2-4-7 丰台站室内效果图（一）

图2-4-8 丰台站室内效果图（二）

▶ 无障碍系统

在丰台站设计中，以有爱无碍为原则，以无障碍需求为导向，以无障碍尺度为标准，对无障碍卫生间、服务设施、标识信息化、盲道和通道、低位设计、四区一室、无障碍电梯等无障碍系统进行全面优化提升，形成一套在铁路领域能够起到示范作用的北京丰台站无障碍设计。

图2-4-9　丰台站室内效果图（三）

丰台站无障碍设计主要分为以下几个方面：

（1）卫生间及无障碍卫生间

（2）无障碍电梯

（3）盲道设置　　　（4）楼梯及扶手

（5）低位服务设施　（6）四区一室

（7）标识系统　　　（8）无障碍流线

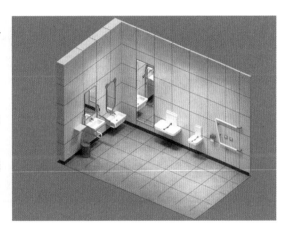

图2-4-10　丰台站无障碍卫生间效果图

卫生间

在公共区域按照城市卫生间规范配置卫生间系统，同时在进站系统内男女卫生间配备无障碍厕位、无障碍小便器，儿童小便器及儿童洗手盆。在所有卫生间附近均配备第三卫生间或无障碍卫生间。

丰台站无障碍卫生间阳角均做圆弧处理。设置多用途C型抓杆，垂直旋转式安全抓杆、带拉绳低位呼叫按钮、设置小便器安全抓杆、洗手盆安全抓杆、声光报警器等。

图2-4-11　丰台站卫生间效果图

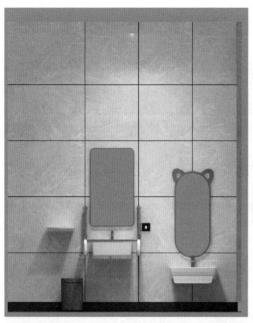

图2-4-12　丰台站无障碍卫生间效果图（一）

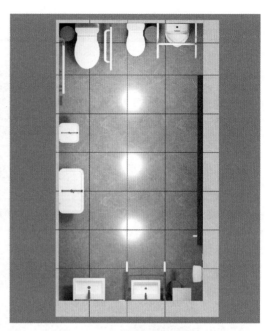

图2-4-13　丰台站无障碍卫生间效果图（二）

图2-4-14　丰台站无障碍卫生间效果图（三）

无障碍电梯

　　丰台站从地下-11.5m层至23m站台层共设有96部电梯用于整个丰台站的无障碍系统，在透明电梯幕墙外侧根部设置不锈钢防撞栏杆，通过脚部防护，防止人员撞击幕墙。无障碍低位操控盘每个轿厢均有设置，且设有激光打印无障碍标识。操控盘设置盲文触摸按钮和轿厢扶手；非透明电梯内均设置可折翻座板，座板表面带防滑磨砂颗粒。

图2-4-15　丰台站扶梯栏板及扶手

楼梯及扶手

　　丰台站楼梯踏面边缘均做圆弧处理。踏步上设两道防滑槽，且丰台站楼梯栏板按国铁集团《铁路旅客车站及生产生活设施细部设计和施工质量控制标准》的要求设计。楼梯栏板根部均设置100mm高实体挡台。

图2-4-16 丰台站售票厅低位服务设施

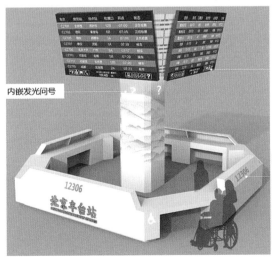

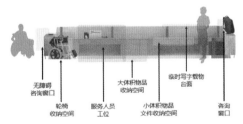

图2-4-17 丰台站公共空间咨询低位服务设施（一）

低位设置

在所有主要旅客场所如：候车室、售票厅、问询台等配备低位服务设施,便于无障碍人士使用。

图2-4-18 丰台站公共空间咨询低位服务设施（二）

四区一室

丰台站室内空间地面铺装采用大面积地砖铺装，达到经济、美观的作用，同时在军人、儿童候车区及休闲座椅区域，部分采用地毯、木地板等，充分打造绿色温馨的候车环境。

盲道设置

鉴于无障碍人士出行不便，在站房的楼梯、直梯、扶梯及站台靠近列车侧设置提示盲道系统。

图2-4-19　丰台站军人与儿童候车

图2-4-20　电梯及卫生间标识示意

图2-4-21　商务候车效果图

标识系统

在坡道、卫生间、母婴室及无障碍电梯等位置均设有无障碍标识且无障碍标识采用现行 GB 50763-2012

图2-4-22　儿童候车效果图

▶ 项目效果

（1）丰台站无障碍卫生间设计在满足专业规程规范的前提下，充分吸纳了国内外先进理念，按照世界眼光、国际一流、中国特色、高点定位的标准，有针对性地根据不同特殊群体与大众群体融合共享的需求进行研究设计，空间利用合理有序，设施配备便捷完善，功能功效适用自如，较高地提升了无障碍卫生间的通用与高标设计水平，达到新时代高铁客站无障碍卫生间设计的新水平和新高度。

（2）丰台站是具交通、商务于一身的综合交通枢纽，从建筑的属性及重要性上，均要求对无障碍设计更加严格，丰台站以此申报材料为依托，对自身的设计进行自我核对核查，将无障碍设施做到最好。从中归纳总结，汲取经验。

（3）丰台站注重设施设备的设计细节与细化，在平面布局、空间定位、分类层级、产品样式、部品选用、材质色彩等方面精益求精，将最后的设计融入建筑细部设计中，能够做到与建筑的完美契合，为特殊人士、妇幼家庭群体等提供了更好的出行便利和需求满足。在建筑中未察觉的舒适才是设计的最高境界，我们力图将无障碍的设计在细节中体现，还给需要人士最自然的体验。

图2-4-23　室内效果图（一）

图2-4-24　室内效果图（二）

▶ **发展建议**

　　丰台站总结铁路上宝贵的技术经验，在既有的经验和模式下，加以总结，现有的8项无障碍技术总结已基本能够满足站房对需要关怀照顾人士的基本需求，在未来的发展中，我们更应该重视信息化为人们带来的便利，做到"畅通融合、绿色温馨、经济艺术、智能便捷"，未来的社会是信息的社会，我们应该善用智能信息带来的红利，高集成的建筑也可利用智能信息的便捷性，开发出适合需要关怀照顾人士的相关设备设施，结合标识系统和引导系统，做到建筑真正能够用信息关怀照顾人士。

图2-4-25　室外古韵新风对比图

图2-4-26 室外效果图

图2-4-27 室内效果图

清华大学校园总体规划（2021－2030）无障碍专项规划
中国·北京

> 导读：2018年清华大学启动新一轮的校园总体规划编制工作，明确将无障碍专项规划（以下简称为专项规划）纳入其中，目标是以提供安全舒适环境，建设健康、安全、便利、平等、包容、人文校园。这是在校园总体规划的过程中，首次探讨无障碍体系和总体规划的嵌入与实施策略。
>
> 专项规划以现状分析为基础，以案例研究为辅助工具，以建设目标为战略导向，以规划技术要求为标准，进行从理论到实践的全过程研究。具体研究涉及无障碍自主出行、便利生活、包容教学、活动休憩、信息交互等。成果包含专项导则、标准、行动计划、实践案例等，以及公众参与、学生组织赋能等环节。
>
> 专项规划属于集无障碍空间规划、设计标准、公众参与、行动计划四位一体的综合性方案，为校园规划及基本建设、资源配置、统筹管理和服务提升等工作提供了支撑，构建与一流大学建设相适应的服务支撑和体系，为其他高校提供参照与借鉴。

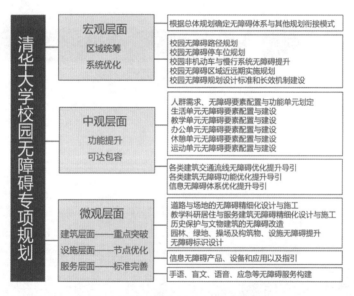

图2-5-1　清华大学校园无障碍专项规划框架图

▶ 项目概况

地　　址	北京市海淀区	**参编单位与人员（清华大学）**
设计时间	2018—2020年	基建规划处　　　　　李　一　保其长　盖世杰　谭　黎
项目面积	392.4公顷	学生社区管理服务中心　向　春　王　强
委托单位	清华大学基建规划处	修缮校园管理中心　　邢　毅
编制单位	清华大学无障碍发展研究院	无障碍发展研究院　　邵　磊　孙力扬　潘芳颉　丁　晨
项目负责人	邵　磊	侯雨亭　隋艳艳　原　源　等

▶ 规划思路

· 对标国际一流高校

梳理国外一流高校校园无障碍环境建设先进经验，关注无障碍环境建设创新理念，提炼校园无障碍建设方法、技术手段 。

· 深入调研需求现状

通过访谈、问卷调查、实地调研对清华大学校园环境现状进行全面分析，挖掘清华大学校园环境中的主要问题和提升重点，了解人的无障碍需求。

· 技术导则实现目标

结合清华特色，树立无障碍校园建设目标，对校园环境建设中的道路交通系统、生活类建筑、教育类建筑、活动场所和休憩空间、信息平台和电子设备的无障碍化提出具体的技术要求和建设标准。

· 规划指导实践行动

确定无障碍校园建设行动计划，设立重点项目库，划定实施阶段，以技术导则为总指导，逐渐走向实施应用。

▶ **技术亮点**

- **建立统一的规划与管理体系**

  提出应从顶层设计出发，以统一的校园无障碍标准和明确的管理机制作为校园无障碍建设的总引擎，提出校园无障碍建设与管理的循环性工作周期流程。

- **建立校园无障碍体系化提升框架**

  校园无障碍环境建设不仅是物质空间的提升，同时也应完善服务、信息等系统配套，将其作为一个整体实现体系化提升，具体可以从校园文化、建筑环境、教学与服务、智慧信息四个方面着手。

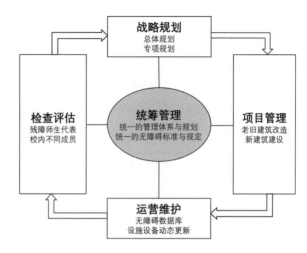

图2-5-2　校园无障碍规划与管理体系

▶ **1 对标国际一流高校**

校园无障碍环境建设在国际语境中已成共识。世界一流高校在不同的无障碍体系、法规政策等上位规划要求下，结合各自的建成环境、社会文化背景等，在校园无障碍环境建设方面各具优势，其经验值得借鉴。

图2-5-3　日本名古屋大学室内无障碍设计

日本名古屋大学

由副校长领衔成立了无障碍校园专项工作组，制定了《通用设计工作指南》，整个校园的无障碍建设工作依据该《指南》开展。《指南》对交通、场地、建筑、室内、设备等相关的无障碍设计，都进行了明确且细致的要求。诸多细节都彰显出人性化的设计。

英国剑桥大学

学校贯彻落实《残障者歧视法》，制定了系统化的无障碍改造及服务管理政策并予以实施。

不仅包括对校内既有建筑进行改造，提高可达性，还设立专门职能部门及配套服务体系，帮助辅导残障学生更快更好地适应校内生活。同时，还对教职工开展融合教育知识宣传和培训，了解残障学生的心理需求，帮助学生更好成长。

图2-5-4　英国剑桥大学无障碍服务

英国牛津大学

因校园建设年代久远，物理空间的无障碍改造面临诸多挑战。牛津大学采取了循序渐进的策略进行环境提升。

首先对需要改造的设施进行优先顺位评估，评估后分阶段实施。同时过程中邀请残障者、老年人以及外国人等用户，全程参与环境评估与验收。

通过持续的努力，消除了大部分物理空间存在的障碍，提高了可达性。

图2-5-5　英国牛津大学建筑无障碍出入口设计

▶ 2 深入调研需求现状

- **问卷调研**

对校内师生开展调研，全面了解大家对无障碍环境的认知情况，了解其在学习、生活中所遇到的真实困难与需求，并从需求视角分析清华校园无障碍建设的现状与问题，找寻供给与需求中存在的矛盾，进而分析成因，帮助学校更好地进行无障碍改造。

X\Y	非常满意	满意	不太满意	不满意	非常不满意	不了解	小计
主楼及主楼南片区 （东至美院，西至李兆基大楼）	0(0.00)	24(19.83%)	62(51.24%)	12(9.92%)	10(8.26%)	13(10.74%)	121
东大操场区 （北至棒垒场，南至工物馆）	1(9.09%)	3(27.27%)	3(27.27%)	2(18.18%)	0(0.00)	2(18.18%)	11
东部新片区 （北至汽车研究所，南至艺术博物馆）	0(0.00)	11(52.38%)	7(33.33%)	0(0.00)	1(4.76%)	2(9.52%)	21
中央宿舍教学区 （北至苏世民书院，南至新清华学堂）	0(0.00)	14(25.45%)	22(40.00%)	4(7.27%)	1(1.82%)	14(25.45%)	55
大礼堂周边区 （北至西大操场、图书馆北馆，南至二校门、工程机械馆）	0(0.00)	15(34.09%)	20(45.45%)	3(6.82%)	1(2.27%)	5(11.36%)	44
西部近春园片区 （北至医学科学楼，南至西湖游泳池）	0(0.00)	3(18.75%)	7(43.75%)	1(6.25%)	0(0.00)	5(31.25%)	16
西北片区 （东至听涛园，西至化学馆）	0(0.00)	5(22.73%)	11(50.00%)	2(9.09%)	0(0.00)	4(18.18%)	22
东北紫荆宿舍区	0(0.00)	20(22.47%)	35(39.33%)	9(10.11%)	4(4.49%)	21(23.60%)	89

图2-5-6　校内功能片区无障碍设施满意度评价表

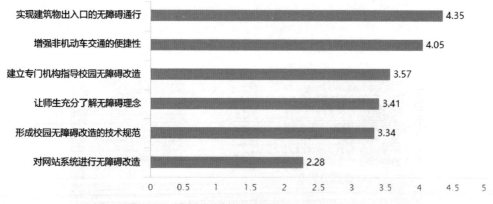

图2-5-7　被调查者认为校园无障碍建设应优先采取的措施

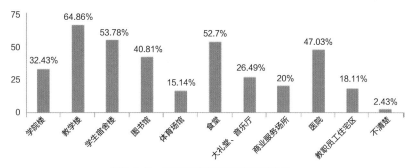

图2-5-8　校内需迫切改造的空间区域分类

- **现状调研**

清华大学是一所大型综合性大学，校园占地面积较大，包含了教学研究、食堂、宿舍、运动场馆、校医院等全面复合的功能。

项目组对校园184栋主要建筑、公共空间、景观绿地、道路交通等建筑和场地的无障碍现状展开全面调研和数据采集，还对交通系统中的步行、车行、人车混行路段，标识标志牌位置与内容等进行了全面分析，最终汇编形成校园无障碍档案。

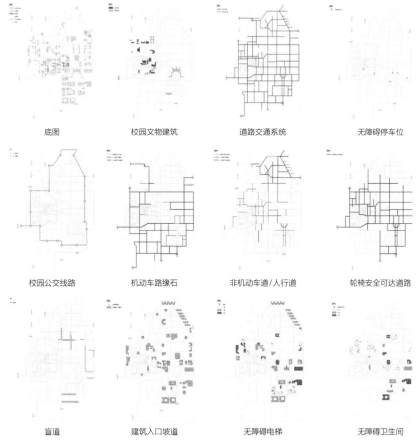

底图	校园文物建筑	道路交通系统	无障碍停车位
校园公交线路	机动车路缘石	非机动车道/人行道	轮椅安全可达道路
盲道	建筑入口坡道	无障碍电梯	无障碍卫生间

图2-5-9　校园无障碍现状分析

问题与挑战：

校园交通系统无障碍可达性不足　　　无障碍设施不达标、缺少维护、无法正常使用

建筑与户外场地缺少无障碍设施　　　缺少相关信息、服务配套

无障碍设施不全面、不连续

▶ 3 技术导则实现目标

- **总体目标**

  提供安全舒适环境，建设健康包容校园——健康、安全、便利、平等、包容、人文。

  健康、安全、便利是指对校园物理环境的无障碍提升。

  宏观层面：校园内道路系统应实现人车分流，人行道应保证无障碍畅行，与各类场地、建筑出入口无障碍连接；

  中观层面：校园各类开放空间和场地应全部无障碍可达，停车场应设置无障碍停车位，保证所有人的出行活动需求；

  微观层面：应保证人在建筑内进行活动时，行为不受空间限制，应配套的设施包括无障碍出入口、无障碍电梯、无障碍卫生间等。

  平等、包容、人文是指对校园环境感官体验的提升。

  在校园内通过积极宣传无障碍理念意识、残障平等观念，为所有人提供平等的享受教育的机会，让残疾学生能够更加充实、更加快乐享受在校时光；

  校园环境应具有包容性，各类设施设备应从使用者的实际需求出发，设计尽量简单、通用、人性化，以此缓解、消除残障群体担心异样眼光等不安情绪；

  校园环境建设还应体现学校的文化底蕴，彰显校园的人文关怀理念。

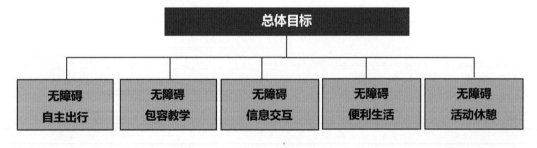

图2-5-10　技术导则总体目标

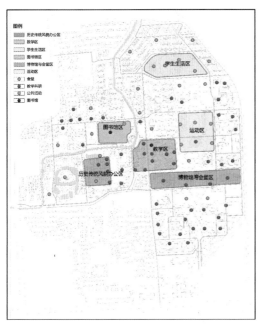

<table>
<tr><td>图2-5-11　校园无障碍规划重点区域</td><td>图2-5-12　校园交通系统无障碍路径提升规划</td></tr>
</table>

图2-5-11　校园无障碍规划重点区域　　　　图2-5-12　校园交通系统无障碍路径提升规划

- **校园无障碍规划重点区域**

分析校园现状机动车道路体系、慢行体系、建筑主要出入口分布情况，作为路径改造规划的基础底图，根据校园总体规划建设目标，编制校园无障碍路径规划。

分析校园整体结构及功能布局，结合主要路径的人群使用特征，将无障碍环境细节设计全面贯穿地面铺装、标识体系、建筑无障碍出入口处理等要素的综合。

- **校园交通系统无障碍规划**

叠合校园内慢行交通和机动车交通体系，现存的各类障碍点较多，包括人行道缺少路缘石坡道、行进宽度过小、路面铺装材料不易通行、园路坡度过大、园路有台阶等几类问题。

根据各类问题和群体需求特点，需对校园的交通体系重新进行无障碍规划。

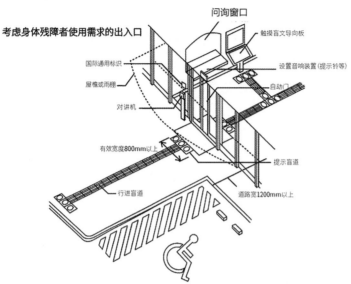

图2-5-13　入口空间无障碍一体设计

校园公共建筑室内无障碍设计要求

校园建筑以公共建筑为主，包括报告厅、图书馆、体育场等多类建筑。

因此对各类公共建筑的室内无障碍设计提出统一标准，并对特殊功能空间提出无障碍设计要求。

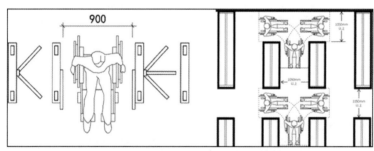

图2-5-14　满足轮椅通行的图书馆书架通道设计

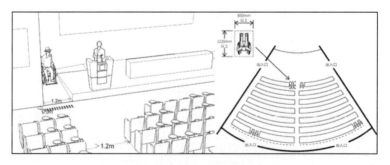

图2-5-15　阶梯报告厅无障碍轮椅席位设计

图2-5-16　紫荆学生公寓出入口改造

- **紫荆学生公寓无障碍改造**

  为使行动不变的学生们拥有无障碍的生活环境和服务，学校对行动不便学生集中居住的紫荆公寓20号楼的出入口、公共卫生间，进行了无障碍改造，大幅提升了学生们通行和如厕便利。

图2-5-17　校园无障碍服务亭

- **校园无障碍服务亭**

  为减小对依赖电动设备出行的师生的影响，通过在学生社区附近新建设一个无障碍服务亭，为电动出行设备提供充电服务。

  该设施还承载了无障碍理念传播功能，并有计划增加轮椅租赁等功能，打造一个复合化、对象多样化的校园公共服务设施。

图2-5-18　图书馆无障碍卫生间改造

• **图书馆无障碍卫生间改造设计**

以学校图书馆新馆改造为契机，根据图书馆服务功能、人流量、建筑风格等特点，重新规划建设了一个空间尺度相对较大的无障碍卫生间，使师生们获得更舒适的使用体验。

图2-5-19　英烈纪念碑景观无障碍改造

• **英烈纪念碑景观无障碍改造**

纪念碑依山而建，存在较大高差，目前其主要入口均为台阶设计，缺少无障碍设施。

在改造设计方案中，在其西侧增加坡道，结合现有景观平台，形成符合标准的无障碍入口。

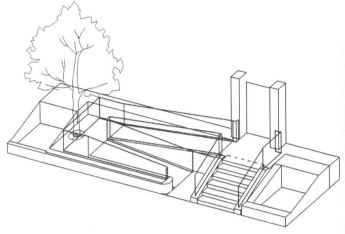

图2-5-20　照澜院17号院无障碍坡道改造方案（一）

照澜院17号院无障碍改造方案设计

针对入口台阶老旧，石材高低不平，无扶手助力保护，院内原路面砖铺设不平整，办公及卫生间入口有高差等问题提出无障碍改造方案。

图2-5-21　照澜院17号院无障碍坡道改造方案（二）

图2-5-22　资产处办公楼入口无障碍改造方案

资产处办公楼入口及门厅无障碍改造

针对资产处入口楼梯老旧，无扶手，自行车入口坡道狭窄，室内前厅与通廊两级台阶，卫生间内有高差，缺少无障碍设施等问题提出无障碍改造方案。

弯湾·爱生活残疾人社会融合共享体
中国·杭州

导读：弯湾托管中心是浙江省内第一家为特教学校毕业的成年人创办的，学费、托管费、餐费等全免的民办非营利托管机构，提供日间照料、日常活动、职业培训和支持性就业服务等。在迎接建党100周年、迎接2022年杭州亚残运会之际，在弯湾自身发展的重要节点时期，展开了本次改扩建工程。

项目使用面积1102m²，两层，预计容纳成年智力和精神障碍者计50人。不同于特教学校（未成年人）和残疾人托管中心（多为老年人），这是少有的专门服务于青年、中年智精障碍者的场所，要在有限空间中同时满足他们的生活、交往、教育、康复、就业等多重需求，是本次设计的挑战，也是机遇。

图2-6-1 一层主活动区透视图

绿色、蓝色的软垫，既划分了空间，又提供了随处可以急救的场所，符合智精障碍者的使用需求。

▶ 项目概况

地　　址	浙江省杭州市	容　积　率	-
建设时间	2021年	建筑高度	-
建筑类型	文化建筑	主要功能	智力和精神障碍者生活、教育、康复
建筑面积	1102m²	设计单位	浙江大学建筑设计研究院有限公司
		主要参与人员	陆　激　周　欣　陈秋颖　冯余萍
			王亚林　钱　坤　林德建　张泽航

▶ 难点与挑战

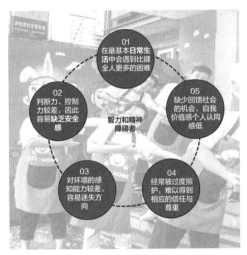

图2-6-2　智力和精神障碍者遇到的主要困难

▶ 研究思路

　　虽然智精障碍者在日常生活中遇到更多的困难，但是他们和健全人一样，是完整的，在马斯洛需求层次中，并没有缺失任何一个层次。

　　空间是满足智精障碍者各种需求的载体，因此，从马斯洛心理学中的"需求金字塔"出发，参考针对自闭症患者的"M.A.P.S."金字塔，提炼整理形成本次设计的"空间需求金字塔"，将成年智力和精神障碍者的生理和心理需求转译为空间需求，将安全感、归属感、成就感和意义的概念空间化，并明确了它们的层次关系。

图2-6-3　研究思路分析图

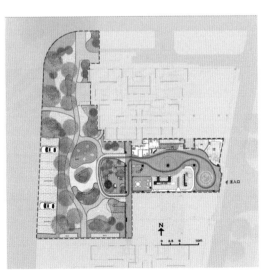

图2-6-4　总平面图

▶ **策略：无障碍融合设计**

马斯洛需求层次理论，透过"空间需求金字塔"，为设计者和智力和精神障碍者建立了共情的平台和理解的基础。具体到空间设计中，提出无障碍融合设计策略。形成一个"功能复合、空间流动、路线简洁、视线畅达、光线明亮、逢棱必圆逢垫必软、专项定制"的场所。

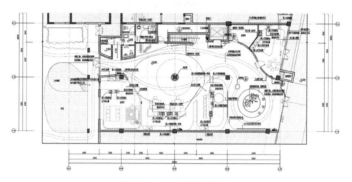

图2-6-5　一层改造后平面

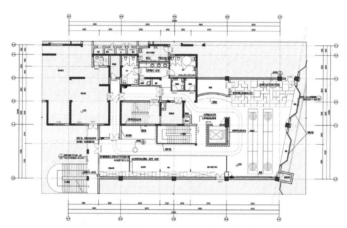

图2-6-6　二层改造后平面

图2-6-7　门厅效果图

▶ 无障碍融合设计 —— 生理需求 vs 空间的结构和支持

第一层次：通过空间的结合和支持，来帮助智精障碍者的生理需求能够得到更好的满足。

"空间的结构和支持"包含了足够智精障碍者日常活动的空间尺度，合适的光线、照度、温度，基本的无障碍设计等，同时也包括水、电、暖等设备系统的支持。

图2-6-8　室外庭院透视图

无高差地面、防滑的材料、足够的林下空间、适当放大的活动场地……

图2-6-9　电梯厅透视图

逢棱必圆的墙面、充足且均匀的灯光、温暖的墙面材质……

▶ **无障碍融合设计 —— 安全需求 vs 空间的可预测性**

第二层次：通过空间的可预测性，来满足智精障碍者的安全需求。

空间的可预测性符合安全需要，由此衍生的设计策略，包括空间的流动和开放，也包括边界的透明，再推而广之，还包括构成要素的重复以及由重复带来的易读性，还包括色彩的暗示和引导等。其实，即使那些单纯为了智精障碍者的安全而设计的设施，比如围栏、扶手、呼叫按钮等，对空间的可预测性同样有贡献。可预测的空间使智精人士更容易感知自己所处的空间，也预设了提供帮助的可能，对于他们的安全、健康有显著的贡献。

空间的流动性和开放性：

室内不同空间之间是连通流动的，室内外的视线和景观也是通透的。格栅、玻璃和镜面材质。使智精障碍者之间有更好的交流，提高参与度；使智精使用者与自然有更密切的互动，提高疗愈效果。

图2-6-10　弯湾会客厅与庭院的视线互动

空间的引导性：

在弯湾厨房中，厨台设计有三个高度。智精障碍者在行动中有个特点：非常容易被"锁定"在同一姿态中，一旦俯身洗菜，他们会一直以俯身的姿态完成全部后续动作，"忘记"直起腰来。三个不同高度的厨台，引导他们在低腰、欠身和直立之间自然过渡，避免肌肉劳损。

图2-6-11　为智精人士而设计的三种高度的厨房

空间的透明性：

使用透明性弱隔断，如磨砂玻璃、玻璃砖、格栅、矮隔墙等，使空间隔而不断。不是标识，胜似标识，为智精障碍者提供随时、随地的视线引导，使他们更加容易感知空间的布局与走向，从而增加他们的安全感。

图2-6-12　门厅中的玻璃砖背景墙

▶ 无障碍融合设计 —— 归属需求 vs 空间的可标记性

第三层次：通过空间的可标记性，来实现智精障碍者的归属需求。

可标记性包含有两个相关联的目标：一个是可识别性，另一个是趣味性。利用某个特殊的形状、某种易辨的色彩、某个特殊的拐角、甚至某种气味或一幅画……形成空间的识别与趣味。通过识别性，促进智精障碍者对空间产生归属感，从而使他们有勇气和周边的人有更多的互动。而趣味性，则是激发他们跨出交往第一步的催化剂。

图2-6-13　钢琴角——以声音标记空间

图2-6-14　放大的标识牌——以颜色标记空间

图2-6-15　画作——以文化特征标记空间

▶ **无障碍融合设计 —— 尊重需求 vs 空间的可操控性**

第四层次：通过空间的可操控性，来实现智精障碍者的尊重需求。

健全者由于认识能力和行动能力更强，所以其尊重需求并不依赖于对空间的过度操控。这一点可以说，是智精障碍者与健全者对空间要求最不同之处，也是最容易被忽视的环节。一般思维往往会倾向于为他们安排好一切，提供傻瓜式的使用指南，解决所有空间问题。事实上，换一个角度思考就不难理解：留点问题给人自己解决，比帮他安排好一切，是更大的尊重。

因此，在弯湾的设计中，通过留白和适当的未完成，特意留出一些能为我所操控的空间，使智精障碍者有机会改变空间，使他们发挥自我价值的需求得到尊重。

图2-6-16　活动隔断　　　　　　　　　　图2-6-17　可生长的知识树

图2-6-18　可自己装饰的"书架"外形 楼梯安全护栏　　　图2-6-19　多功能厅活动舞台

可活动的舞台，能为弯湾成员提供改造空间的机会，使他们在劳动中获得成就感。此外，设计将舞台模块做成俄罗斯方块造型，且有不同的颜色，使搬运过程充满趣味性，并有感统训练的效果。

▶ 无障碍融合设计 —— 自我实现需求 vs 空间的意义和动力

第五层次：通过空间的意义和动力，来帮助智精障碍者的自我实现需求能够得到更好的满足。

空间的结构和支持、可预测性、可标记性、可操控性，超越传统的无障碍设计的范畴，处处传递着让智精障碍者能够无障碍地生活、学习、康复的理念，帮助他们无障碍地参与到各种活动中，发挥自己的能力，为周围的人、为社会做贡献，从而实现自身的价值。

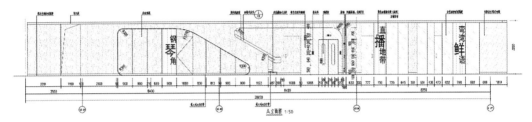

图2-6-20　A剖立面图

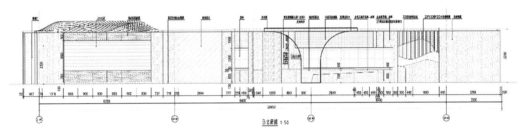

图2-6-21　B剖立面图

图2-6-22　楼梯效果图

从安全角度，弯湾需要楼梯是全封闭的，但是这显然和通透的要求有冲突，因此我们将围栏设计成了书架。当然，为了防止书掉入楼梯间，除了确定要放物品的地方是平的，其他地方故意做成了斜的，保留了书架的样子。为智精障碍者提供了一个开放但又安全、简洁但又充满暗示的空间。

▶ **无障碍融合设计——电梯与卫生间的细节**

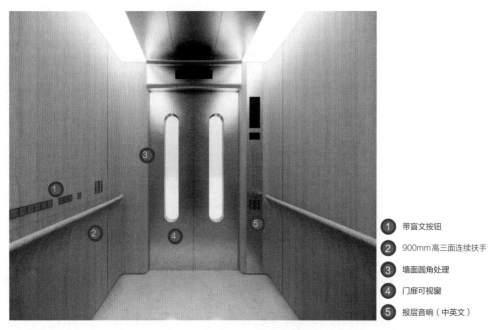

① 带盲文按钮

② 900mm高三面连续扶手

③ 墙面圆角处理

④ 门扉可视窗

⑤ 报层音响（中英文）

图2-6-23　电梯轿厢效果图

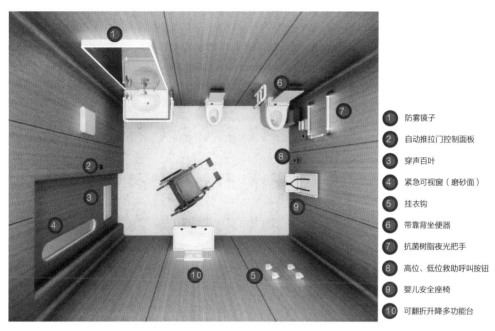

图2-6-24 无障碍卫生间效果图

1 防雾镜子

2 自动推拉门控制面板

3 穿声百叶

4 紧急可视窗（磨砂面）

5 挂衣钩

6 带靠背坐便器

7 抗菌树脂夜光把手

8 高位、低位救助呼叫按钮

9 婴儿安全座椅

10 可翻折升降多功能台

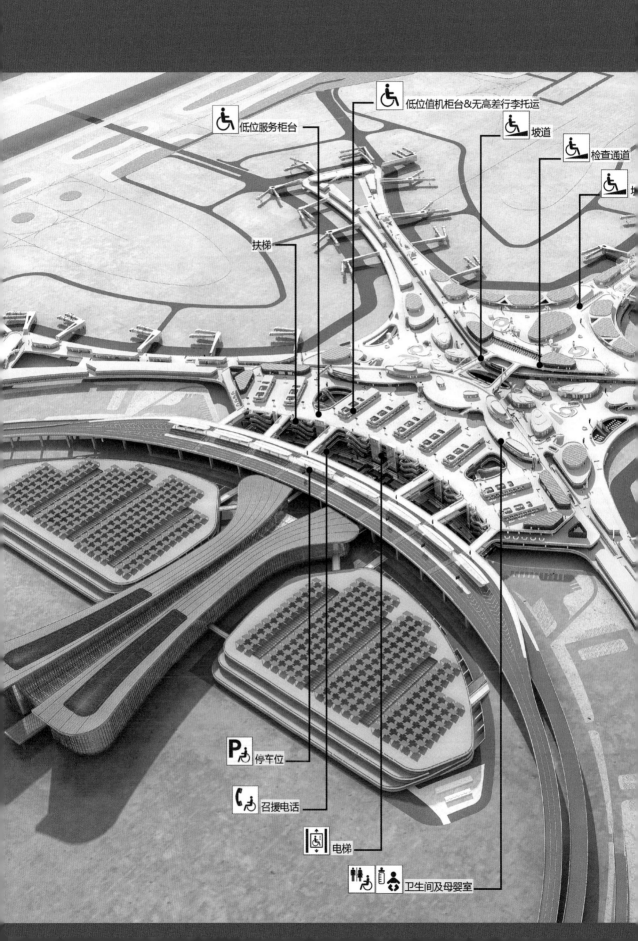

低位值机柜台&无高差行李托运

低位服务柜台

坡道

检查通道

扶梯

停车位

召援电话

电梯

卫生间及母婴室

登机桥

CHAPTER 03

研究类
RESEARCH

- ■ 北京2022年冬奥会和冬残奥会无障碍指南技术指标图册
- ■ 《国家无障碍战略研究与应用丛书》(第一辑)
- ■ 21BJ12-1《无障碍设施》建筑构造通用图集
- ■ 民用机场航站楼无障碍系统设计导则
- ■ 无障碍通用标识环境设计实验虚拟仿真实验

北京2022年冬奥会和冬残奥会无障碍指南技术指标图册

北京2022年冬奥会和冬残奥会作为一项盛大的体育赛事首次落户中国，为了确保其顺利召开，北京冬奥组委颁布了《北京2022年冬奥会和冬残奥会无障碍指南》(以下简称《指南》)，以指导北京2022年冬奥会和冬残奥会无障碍工作的开展，并作为相关无障碍规划、设计、建设、实施和检查验收的技术性依据。由于《指南》涵盖的技术内容较多，为了更加快速直观地查阅相关设施的技术要求，便于指导设计验收等相关工作的开展，需编制一本与《指南》相配套的技术图册。

因此，由北京冬奥组委委托，北京市建筑设计研究院有限公司承担了《北京2022年冬奥会和冬残奥会无障碍指南技术指标图册》(以下简称《图册》)的编制工作。《图册》将对《指南》的使用与理解起到辅助作用，提高其在无障碍建设中的实际使用效率，进而为全面提升各场馆和主办城市无障碍建设服务水平，积极营造安全、顺畅、适用和人性化的无障碍环境创造条件。

▶ 项目信息

项目时间： 2020.6—2020.8　　　　**承担单位：** 北京市建筑设计研究院有限公司
委托单位： 北京冬奥组委　　　　　　　　　　　　无障碍通用设计研究中心
　　　　　　　　　　　　　　　　　　主要参与人员： 焦　舰　郑　康　焦博洋　于　博

图3-1-1　图册封面

▶ 难点与挑战

- **首次颁布详细解读各项《指南》无障碍技术指标的《图册》**

  在全球国际赛事的无障碍建设中，针对各项技术指标颁布《图册》尚属首次，编制过程中没有合适的对标参考案例。

- **《图册》需对专业人员和普通大众均适用**

  《图册》应不仅仅适用于专业人员，还应对赛事活动中的所有工作人员甚至普通大众均适用。

- **《图册》需对《指南》起到辅助作用，提高其使用效率**

  如何将各项指标以简明扼要的图示语言进行转译，同时与《指南》各章节内容形成良好的对应关系，便于对照使用，是《图册》的编制重点。

- **《图册》需尽可能详尽地解读各项指标**

  《图册》应能详尽地对《指南》各项指标进行解读，同时又要做到简化语言，避免繁琐。

▶ 技术亮点

- **反映真实场景**

  《图册》内容图文并茂，在包含专业性技术图纸的同时，配合三维效果图及相关解释性文字，反映真实的场景情况。整体内容以图片、文字、表格的形式进行搭配，力求做到逻辑严谨、清晰简明，既符合专业技术文件特点，又易于大众的理解与使用。

- **涵盖各项元素**

  《图册》将每项技术指标图示归纳为一个元素，共计 29 项元素。各元素均以三维效果图进行了表达，并配以《指南》原文进行对照参考，便于通过图文结合的方式，全方位理解各项规范要求。

- **明确设计重点**

  《图册》对《指南》相关内容进行了重点要素提炼，以关键词明确该元素的设计重点。为了加深理解，对每项元素配以要点解析，以解释说明规范要求的原理并提示注意要点。

- **适用范围广泛**

  《图册》中各元素要求同样可以作为临时设施的参考建设标准，包括室内外无障碍临时卫生间、临时坡道、台阶、无障碍电梯及无障碍通道等，且《图册》中对室外及室内的技术指标中需特别注意之处进行了重点说明。

▶ 1《图册》编制概况

　　《图册》以实用、好用为基本编制原则，旨在通过形象直观、图文并茂的方式，提高《指南》在本次赛会无障碍环境建设中的实际使用效率，发挥出更重要的指导意义。《图册》通过三维图示、平、立、剖等相关技术图纸，配合文字点评的方式，对北京2022年冬奥会和冬残奥会竞赛、非竞赛场馆运行流线和主办城市交通等公共区域所涉及的无障碍设施及元素进行了图例展示。

　　《图册》共分为6个部分。第1部分为无障碍通用技术指标图示，提炼了轮椅回转空间、容膝空间、安全按钮距地距离等常用的通用性指标。第2~第4部分为无障碍通行、无障碍设施及无障碍住宿技术指标图示，包括轮椅坡道、无障碍电梯、卫生间、场馆座席、无障碍客房等技术指标图示，与《指南》第2章"技术规范"的内容相对应，可进行对照参考。第5部分为其他无障碍技术指标图示，包含《指南》中"公交车站""铁路交通"及"无障碍车辆"的相关技术指标。第6部分为无障碍技术指标汇总简表，归纳总结了《指南》中主要指标要求，方便快速查阅。

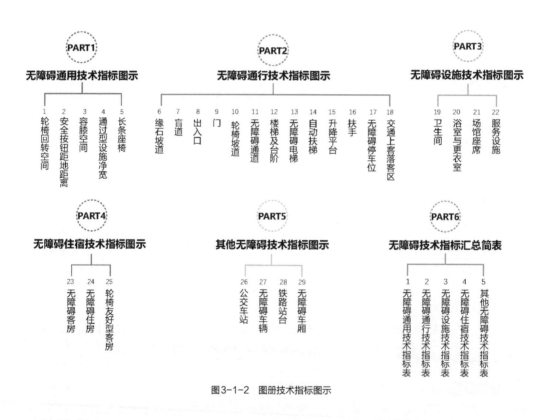

图3-1-2　图册技术指标图示

《图册》中所包含的各元素均以三维效果图进行了表达，并配以《指南》原文进行对照参考，便于通过图文结合的方式，全方位理解各项规范要求。同时，还对《指南》相关内容进行了重点要素提炼，以关键词明确该元素的设计重点。为了加深理解，对每项元素配以要点解析，以解释说明规范要求的原理并提示注意要点。对于涵盖多项技术指标的元素，通过三维图示、技术图纸及指标简表相结合的方式，确保对其进行全面阐释。

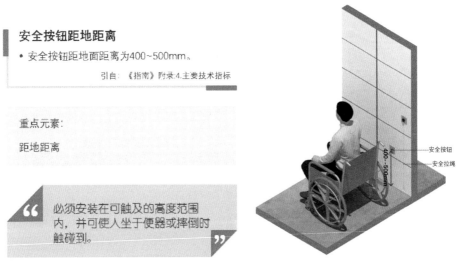

图3-1-3 安全按钮技术指标图示例举

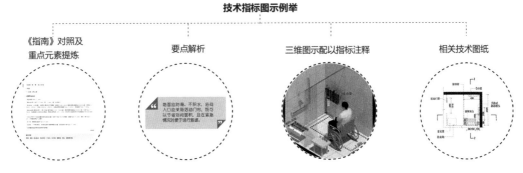

图3-1-4 图册技术指标图示构成

以第1部分无障碍通用技术指标中的第3项元素：容膝空间为例。图册绘制了涉及容膝空间的主要低位服务设施，包含接待台、办公桌、饮水机、取款机、洗手盆等，将主要技术指标直接标注于三维图纸之上，以便在阅读的同时加深对关键指标的记忆与理解。同时，配以二维技术图纸，便于设计人员查阅。此外，还对容膝空间的设计要点及意义进行了阐述，并在图集末附有关键技术指标，以确保无论大众或设计人员均对容膝空间设计要点具有全面的认知与掌握。

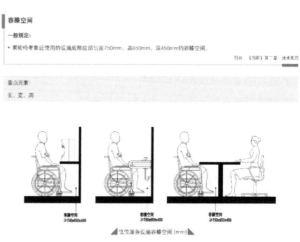

图3-1-5　容膝空间图示及解析

无障碍通用技术指标表

	主要内容		数据
通用性能指标	轮椅回转空间直径		≥1500mm
	容膝空间	宽	≥750mm
		高	≥650（750）mm
		深	≥450mm
	安全按钮距地面距离		400~500mm
	休息区域间距		≤50m
	通过型设施净宽		≥900mm
	长条座椅高度		400~450mm

图3-1-6　无障碍通用技术指标表

图3-1-7　容膝空间三维图示

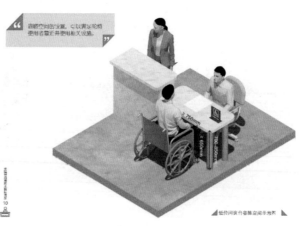

图3-1-8　低位服务设施三维图示

▶ 3《图册》应用场景

冬奥和冬残奥场馆设计单位、建设单位、场馆运行团队和主办城市相关部门等均能够通过《图册》更加直观、准确理解和落实好无障碍指南相关技术指标，更好地理解和落实《指南》。

2020年9月17日，北京冬奥组委召开新闻发布会，《图册》正式发布。新闻发布会上指出，在全球国际赛事无障碍建设中，第一次出版详细解读各项技术指标的《图册》，这展示了我国积极营造安全、顺畅、适用和人性化的无障碍环境，认真贯彻落实"办赛要精彩"这一目标的决心。将充分带动提升无障碍环境品质，为我国和国际残奥运动留下可持续遗产。

图3-1-9 《图册》发布会现场

▶ **4 项目效益**

目前，北京2022年冬奥会和冬残奥会已经成功举办，实现了建设高标准的、无障碍的和包容性的冬奥环境，确保了参赛、观赛等所有利益相关方都能够获得高质量的无障碍参与体验。

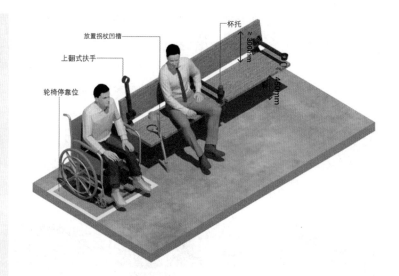

图3-1-10　长条座椅三维图示

《图册》很好地辅助了各赛事单位进行相关的建设、实施及组织工作，同时为北京市和张家口市城市无障碍环境建设提供了重要参考。

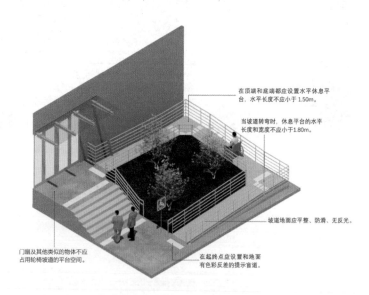

图3-1-11　轮椅坡道三维图示

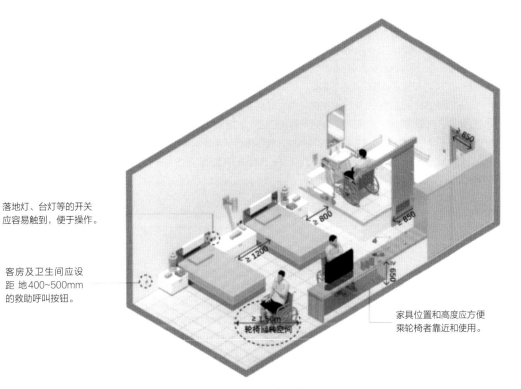

落地灯、台灯等的开关
应容易触到，便于操作。

客房及卫生间应设
距 地400~500mm
的救助呼叫按钮。

家具位置和高度应方便
乘轮椅者靠近和使用。

≥ 1.50m
轮椅回转空间

图 3-1-12 无障碍客房三维图示

　　《图册》在进一步健全和完善我国的无障碍标准体系的同时，利于各部门和大众对于无障碍环境建设的理解，加强全社会的无障碍理念，进而提升社会整体无障碍环境建设。

02 《国家无障碍战略研究与应用丛书》（第一辑）

　　《国家无障碍战略研究与应用丛书》（第一辑）是我国第一套成体系、成规模研究无障碍战略发展与应用的丛书，该丛书深入贯彻习近平总书记以人民为中心的发展思想和"重视无障碍环境建设"的重要指示，由辽宁人民出版社于2019年出版，入选国家"十三五"重点图书出版规划项目和2019年国家出版基金项目，是向新中国成立70周年大庆献礼的重要成果。

　　该丛书从国家战略层面立论，对无障碍国家战略、无障碍与社会公共服务、无障碍与现代奥运、无障碍与校园环境、无障碍与城市交通、无障碍与当代住区、无障碍与宜居环境建设、无障碍与城市标识环境、无障碍与信息技术、无障碍与导盲犬研究等几方面内容进行了阐述，从而提出无障碍战略应用的策略、方法、路径，助力国家出台政策、制定跨部门标准，填补国家无障碍研究及教育领域的空白，推动我国无障碍事业的全面发展。

▶ 项目信息

项目时间：

2017.5—2019.7

策划指导单位：

中国残联无障碍环境建设推进办公室

组织编写单位：

清华大学无障发展研究院

出版单位：

辽宁人民出版社

主要参与人员：

赵学良　郭　健　李　丹

陈　兴　刘国阳

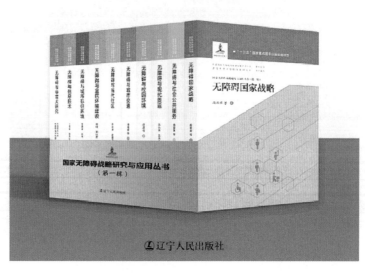

图3-2-1 《国家无障碍战略研究与应用丛书》（第一辑）书影

强大的
智库团队

该丛书由清华大学无障碍发展研究院组织国内相关学科领军人物组成作者团队，总统筹是中共中央党校高端智库首席专家、战略学研究室主任段培君。

该丛书分为
10个分册

该丛书从国家战略层面立论，对无障碍国家战略、无障碍与社会公共服务、无障碍与现代奥运、无障碍与校园环境、无障碍与城市交通、无障碍与当代住区、无障碍与宜居环境建设、无障碍与城市标识环境、无障碍与信息技术、无障碍与导盲犬研究等几方面内容进行了阐述。

中共中央党校等
多家媒体报道
丛书

丛书出版后，中国新闻出版广电网、中华人民共和国教育部、中央党校等多家媒体报道，产生了广泛的社会影响。

1.强大的智库团队

　　丛书由清华大学无障碍发展研究院组织国内相关学科领军人物组成作者团队。总统筹：中共中央党校高端智库首席专家、战略学研究室主任段培君，博士生导师，教授。主要参与编创者均为我国无障碍环境建设的知名专家、高校学者和研究机构研究人员，这些学者和研究人员长期从事残疾人事业研究，在无障碍环境建设方面、无障碍政策理论研究方面，都具有很深的造诣。

图3-2-2　研讨会现场专家学者云集

● 举行了多次专家研讨会

《国家无障碍战略研究与应用丛书》（第一辑）编委会首次研讨会在漳举行

自强不息201112　2017-11-23 15:53:45

　　2017年5月28日，《国家无障碍战略研究与应用丛书》（第一辑）编委会首次研讨会在漳州宾馆海峡厅召开。中国残疾人联合会副主席兼清华大学无障碍发展研究院管委会主任吕世明、中央党校高端智库项目首席战略专家段培君、国家发改委社会发展研究所所长杨宜勇、中国标准化研究院服务标准化研究所所长曹俐莉、清华大学无障碍发展研究院执行院长邵磊、新华社瞭望智库常务副总编慈冰、中国社会福利与养老服务协会会长冯晓丽、福建省残疾人联合会理事长柯少愚、漳州市政府副市长陈水树、福建省自强助残基金会发起人郑声滔教授等专家学者共同出席了本次研讨会。

图3-2-3　举行了多次专家研讨会

图3-2-4　《丛书》专家研讨会

2.该丛书分为10个分册

1.《无障碍国家战略 》　　　　　　2.《无障碍与社会公共服务 》

3.《无障碍与现代奥运 》　　　　　4.《无障碍与校园环境 》

5.《无障碍与城市交通 》　　　　　6.《无障碍与当代住区 》

7.《无障碍与宜居环境建设 》　　　8.《无障碍与城市标识环境 》

9.《无障碍与信息技术 》　　　　　10.《无障碍与导盲犬研究 》

图3-2-5 《国家无障碍战略与应用丛书》分册书影

3.中共中央党校等多家媒体报道丛书

- **媒体报道**

丛书出版后，中国新闻出版广电网、中华人民共和国教育部、中央党校等多家媒体报道，产生了广泛的社会影响。

图3-2-7 中共中央党校报道

图3-2-6 中国新闻出版广电网报道

《国家无障碍战略研究与应用丛书》(第一辑)新书发布 无障碍建设研究提升到国家战略层面

图3-2-8 华夏时报报道

图3-2-9 教育部官网报道

《国家无障碍战略研究与应用丛书》(第一辑)发布分享会在京举行

图3-2-10 青年网报道

▶ 项目应用场景案例

无障碍环境建设涉及战略层面、法律与标准层面、社会公共服务、公共交通、建筑、文化与教育、信息交流等方面，是一项综合性、跨部门的系统工程。《丛书》的编撰是对我国无障碍环境建设系统的梳理和总结的过程，是前瞻性地向2030年远景目标思考、部署、迈进的战略性设计过程，其成果将对我国无障碍事业的发展具有积极的促进和具体的指导作用。

▶ 难点与挑战

我国无障碍建设还面临许多亟待解决的困难和问题：一是全社会无障碍意识有待进一步提高；二是一些新建无障碍设施不规范、不系统；三是相当部分城市已建设施尚未进行无障碍改造，无障碍社区服务水平有待提高，城镇化推进进程中对无障碍建设和改造关注不够，农村无障碍建设较为滞后且缺乏行之有效的措施；四是无障碍设施管理亟待加强；五是信息交流无障碍建设、无障碍人才队伍建设等工作也应进一步加强。

▶ 设计或研究思路

"丛书"深入贯彻习近平总书记以人民为中心的发展思想和"重视无障碍环境建设"的重要指示，从国家战略层面立论，通过对无障碍战略创新发展思路、无障碍战略实施机制和制度保障、无障碍系统工程等各个层面的研究，全面系统地对包括无障碍标准战略、无障碍与社会公共服务战略、无障碍文化与教育战略、无障碍交通战略、无障碍建筑战略、无障碍信息战略等各个领域的内容进行了阐述，从而提出无障碍战略应用的策略、方法、路径，助力国家出台政策、制定跨部门标准，填补国家无障碍研究及教育领域的空白，推动我国无障碍事业的全面发展。

▶ 无障碍设计要点或主要技术亮点

无障碍事业是国家中长期战略的重要环节，是全面建成小康社会的重要评价体系和社会主义现代化国家重要指标体系，丛书具有前瞻性、系统性、权威性，以跨行业强大阵容，汇集了各个领域涉及无障碍领域的顶级专家学者，以集体智慧和力量打造无障碍学术研究的前沿成果。丛书的出版可填补无障碍社科人文领域研究的空白，具有开创性价值。

丛书侧重于社科人文领域无障碍最新研究成果的集成，既可以为学术界在无障碍研究的收集、整合、挖掘与应用方面提供数据支持，也可以为无障碍事业发展决策提供学术支持，还可以在国家层面为制定无障碍发展政策和评估等领域的相关研究提供理论支撑，对我国无障碍事业的发展具有积极的促进和指导作用。

03 21BJ12-1《无障碍设施》建筑构造通用图集

　　21BJ12-1《无障碍设施》建筑构造通用图集（以下简称《图集》）作为北京市工程建设标准设计文件，遵循设计通用、合理便利、系统连贯、实用易行、惠及广泛的原则，以现行标准规范为编制依据，从标识系统、交通出行、公共建筑及场所、居住区及居住建筑等多方面全方位出发，强化助残、适老化设计理念，注重系统化、精细化设计，突出北京特色，可使无障碍环境建设的水平全方位提升。

　　《图集》帮助设计师更好地理解无障碍设计原理，快速掌握无障碍规范要求，通过参考、选用图集中的标准做法，提高设计水平和工作效率，正确指导技术人员进行施工。为无障碍环境建设提供了重要的技术支撑，有显著的社会效益和经济效益。

　　《图集》主要内容有：无障碍设施设置要求、基本参数等；无障碍标志牌布置方式及选型；城市道路无障碍设施设计；轨道交通车站无障碍设计；建筑无障碍设施设计；无障碍厕所、浴室设计；无障碍厨房设计；无障碍客房设计；母婴室设计。

▶ 项目信息

编制时间： 2019.12-2021.5

委托单位： 北京市规划和自然资源委员会

承担单位： 北规院弘都规划建筑设计研究院有限公司标准化编制研究中心、清华大学建筑学院

主要参与人员： 陈　激　刘　岱　周燕珉　杨　珺　刘春义　冯镜文　翟文艳

图3-3-1　21BJ12-1《无障碍设施》建筑构造通用图集

无障碍内容丰 富、全面、系统	**无障碍设计原理、标准规范要求与工程做法并重。** 《图集》帮助设计师快速、全面地了解无障碍设计的规范要求、相关设计原理，并找到具体做法，使设计单位、施工单位广泛使用本《图集》。
逻辑性强	**架构清晰，逻辑性强，图文并茂，更加直观。** 《图集》内容从无障碍标识系统到无障碍城市空间，从建筑无障碍设计到安全抓杆的安装做法。由外及内，由面及点，层层深入。逻辑架构清晰、编排顺序合理、表达形式多样，方便查找和使用。
精细化设计	**注重使用者体验，推进精细化设计，实现细节无障碍。** 《图集》中列出的建筑无障碍设施内容，涵盖了无障碍出入口、轮椅坡道、无障碍通道及门窗、符合无障碍要求的楼梯及台阶、无障碍电梯、升降平台、扶手、无障碍厕所、无障碍浴室、无障碍客房、无障碍厨房等各种精细化节点设计。
重视无障碍改造	**重视无障碍改造，为老龄化社会做准备。** 随着社会逐步进入老龄化，住宅的无障碍改造需求也日益增加。空间小、限制多的老旧小区和住宅内部，使无障碍改造更加困难。《图集》在卫生间设计部分，提供了针对小面积卫生间的平面布置方案；在无障碍厨房部分，提出了操作台的下部应留有"容膝空间"和"容脚空间"的概念。
纳入母婴室设计	**纳入母婴室设计，完善无障碍环境建设重要内容。** 母婴室是无障碍环境建设中重要的组成部分，关爱女性、关爱母婴是社会文明与进步的重要标志。针对目前公共场所母婴无障碍设施的缺失或不完善的问题，《图集》中编入母婴室设计部分，使无障碍设施建设内容更加全面。

▶ 1 编制背景

21BJ12-1《无障碍设施》建筑构造通用图集以北京市规划和自然资源委员会为主导，由国家财政拨款，北规院弘都规划建筑设计研究院有限公司标准化编制研究中心（原北京首建标工程技术开发中心）主编、清华大学建筑学院参编，同时与中国残疾人联合会副主席吕世明、北京市残疾人联合会各部门的领导同事共同讨论与研究，最终形成了现有成果。

华北标88J系列图集"无障碍分册"，自1992年始，持续对无障碍设施进行研究，不断修编优化，广泛指导设计与施工，一直延续至今，同时对我国无障碍设施标准规范的研究及编制起到了积极的推进作用。下表为《无障碍设施》建筑构造通用图集发展史：

版本	图集编号	名称	编制时间	编制单位
1	88J12（88J系列）	《无障碍设施》	1992年4月	华北地区建筑设计标准化办公室
2	88JX1（88J系列）	《综合本》	1995年版	华北地区建筑设计标准化办公室 建设部建学建筑与工程设计所
3	88J12-X1（88J系列）	《无障碍设施》	1999年	华北地区建筑设计标准化办公室 西北地区建筑设计标准协作办公室
4	88J12-1（88J系列）	《无障碍设施》	2002年5月	华北地区建筑设计标准化办公室 建设部建学建筑与工程设计所
5	10BJ12-1	《无障碍设施》	2010年9月	北京首建标工程技术开发中心 建设部建学建筑与工程设计所
6	21BJ12-1	《无障碍设施》	2021年5月	北规院弘都规划建筑设计研究院有限公司标准化编制研究中心 清华大学建筑学院

无障碍环境建设的完善标志着一个城市社会文明的先进程度，无障碍设施系统设计是城市环境建设的一项重要内容。

近年来，各类无障碍条例、法规、制度及规范接连发布实施，同时，以筹备北京2022年冬奥会与冬残奥会举办为契机，建设具有首都风范的无障碍环境首善之区，保障社会成员平等参与社会生活的权利，促进全民友好人居环境建设，提升社会文明程度，促使原2010年编制的《无障碍设施》图集开始新一轮修编，以满足当前工程设计与建设的需要。

▶ 2 获得荣誉

10BJ12-1《无障碍设施》建筑构造通用图集获得：

2013年度全国优秀工程勘察设计奖标准设计二等奖、北京市第17届优秀工程设计奖一等奖。

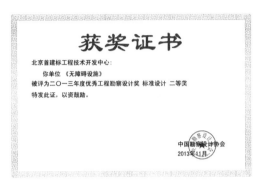

图3-3-2　2013年度全国优秀工程勘察设计二等奖　　　　　图3-3-3　北京市第17届优秀工程设计一等奖

　　《图集》遵循通用设计、合理便利、系统连贯、实用易行、惠及广泛的原则，从标识系统、交通出行、公共建筑及场所、居住区及居住建筑等多方面出发，注重系统化、精细化设计，强化无障碍环境的全方位建设与助残、适老化设计理念，突出北京特色，建设安全、自主、方便的无障碍环境。进一步提升城市文明程度，全面打造宜居友好城市。图集的运用，能够提高工作效率，是设计、施工单位广泛使用的标准设计文件，具有显著的经济效益。

　　伴随时代的发展、社会的进步，无障碍环境建设也有了新需求、新问题、新思考和新方案，只有不断对无障碍的深入探讨研究，才能高质量建设无障碍环境，创造高品质新生活。

▶ 3 图集编制总体情况

21BJ12-1《无障碍设施》建筑构造通用图集包含从城市道路的盲道、路缘坡道、无障碍停车位、轨道交通车站，到建筑入口轮椅坡道、无障碍电梯、轮椅席位、低位服务柜台、饮水台、母婴室再到无障碍厕所、浴室，无障碍厨房以及无障碍客房。满足残障人士及有需求群体对美好生活的基本向往，参与社会活动无障碍。

全面落实无障碍环境建设行动方案，让无障碍设施及建设最能够体现城市政府和各界对活动受限者的爱护和关怀，以及"以人为本"的原则。为建设大国之都、首善之都、宜居之都，建设更具人文关怀和温度的城市作出应有贡献。

《图集》在原图集10BJ12-1的基础上增加了无障碍标识设置要求；地下通道、人行天桥、公交站台的无障碍设计；无障碍电梯设置要求；无障碍厕所使用情景、无障碍厕所设计平面列表；母婴室设计等相关内容。并修改了《图集》各部分内容的设计要求；无障碍标志牌示例、路缘坡道、轮椅坡道限值表；平开门拉手设置、安全抓杆设计及安装。同时删除了部分过时家具的构造做法及设施构造详图（如镜子、隔断）及配件等内容。

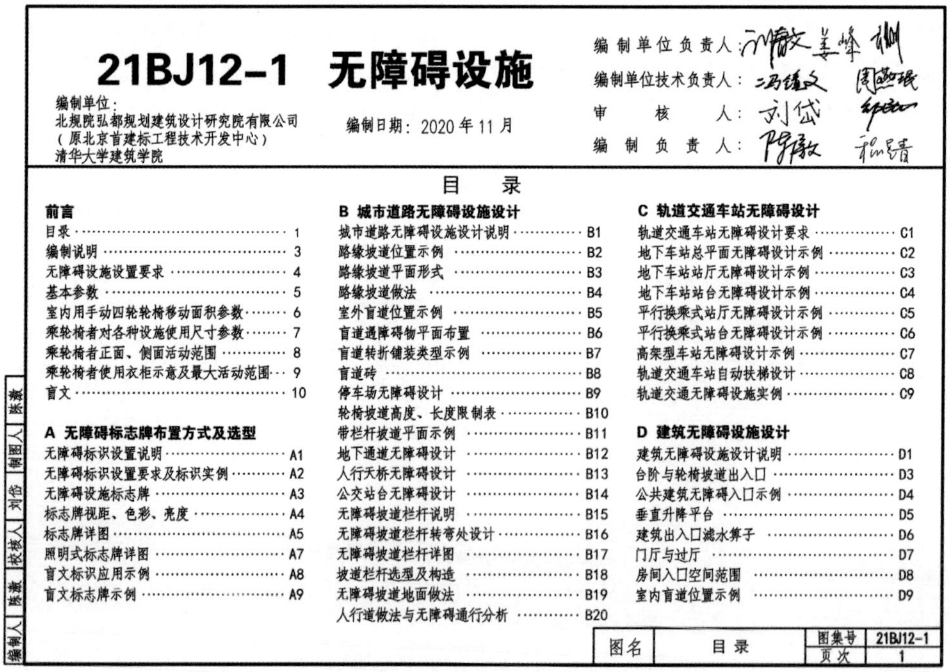

21BJ12-1 无障碍设施	编制单位负责人

编制单位：
北规院弘都规划建筑设计研究院有限公司
（原北京首建标工程技术开发中心）
清华大学建筑学院

编制日期：2020年11月

编制单位技术负责人
审 核 人
编制负责人

目 录

图名	目录	图集号	21BJ12-1
		页次	1

图3-3-4 图集首页目录

不同场所及建筑类型无障碍标识设置要求

建筑类型	标识设置要求
城市道路、广场、绿地	路口过街信号灯合理设置低位按钮及语音提示； 城市绿地（带）、广场无障碍设施接驳处设置引导标识。
公共交通	站前广场与各出入口与周边街区人行道路接驳处、节点处均应设置引导标识； 室内盲道系统应连贯，并设置相应的盲文导示； 应具有系统性的引导标识及智能导示系统； 应有从出入口至各功能空间的连贯的导示系统。
城市轨道交通	车站出入口周边道路交叉口应设置标注有无障碍电梯位置和方向的标志牌。 车站共公区内设置连续、带指示方向的无障碍标志牌。 在无障碍设施及无障碍通行路径的重要节点处应设低位标志牌。
公园绿地	保证无障碍路线的连贯、通行宽度、标识设置及高差变化。
商业服务建筑	主要出入口出应为无障碍出口，并设置电动感应门和相应的无障碍引导标识。
体育场馆	接驳处、节点处均应设置引导标识。
文化博览建筑	台阶高差起止处设置提示盲道和提示夜灯，并设置无障碍引导标识。
行政办公建筑	室外接驳处、节点处均应设置引导标识。 无障碍办公区应有从出入口至各功能空间的连贯的导视系统。
医疗康复建筑	无障碍出入口应采用电动感应门并设置相应的引导标识； 针对视力障碍者的病房门口应在助力扶手上设置盲文提示。
中小学校建筑	低位、中位无障碍引导标识。
旅馆酒店建筑	无障碍出入口应采用电动感应门并设置相应的引导标识。
社区养老机构	室外场地无障碍路线，符合老年人心理特征的引导标识系统设计。
适老社区	室外活动场所的台阶高差起止处应设置提示盲道、夜间照明和相应的引导标识。

国际无障碍通用标志

中国无障碍通用标志

侧墙附着

吊挂式

地面喷涂、粘贴

门附着式、侧墙悬挑式

图名	无障碍标识设置要求及标识实例	图集号	21BJ12-1
		页次	A2

图 3-3-5　无障碍设施标识设置要求及标识实例

一是系统化。《图集》明确不同场所及建筑类型无障碍设施标识设置要求，将无障碍标识纳入环境及建筑空间导向系统中进行统一设计。引导残障人士等有需要的人更容易到达目的地，并对危险进行有效提示。

二是规范化。《图集》的无障碍标识部分，系统地包含了无障碍标识的国家标准、设计制作要求、安装形式和构造做法等内容，更加规范和科学。

三是国际化。作为无障碍环境建设的重要部分，无障碍设施标识的系统化、规范化，对打造国际化都市，促进全民友好人居环境建设有着重要的作用。

▶ 5 提升无障碍出行安全感、体验感

　　《图集》把出行安全放在首位，调整了轮椅坡道坡度限值，保障轮椅使用者能够安全、自主、顺利地出入建筑及场所。

　　《图集》对人行道行进盲道铺设要求进行调整，遵从行走习惯和规律，盲道铺设在遇井盖时采用带盲道的双层井盖过渡，盲道铺设更加科学、合理，使人行路面更加平整通畅，提升行人舒适感。

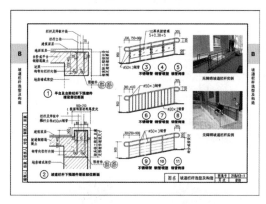

图3-3-6　无障碍坡道栏杆选型及构造

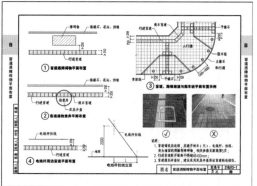

图3-3-7　盲道遇障碍物平面布置

▶ 6 注重适老化设计及无障碍改造

　　随着社会老龄化程度正在加速加深，公共场所及居住建筑的无障碍适老化改造项目逐步增多，针对居家养老而进行的改造项目，具有空间小、限制多、难度大的特点，结合老人生活特点和需求，图集增加了针对小面积卫生间的无障碍设计方案以及户门旁边的辅助拉手、蹲便厕位增加安全抓杆、楼梯安装警示条等做法，保证安全性、便利性、舒适性，设计上更加有的放矢。

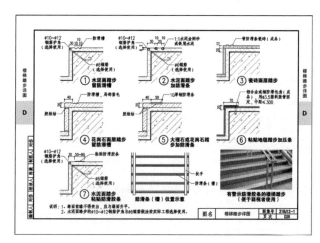

图3-3-8　含有警示防滑条的楼梯踏步详图

▶ 7 建筑无障碍，细节无障碍

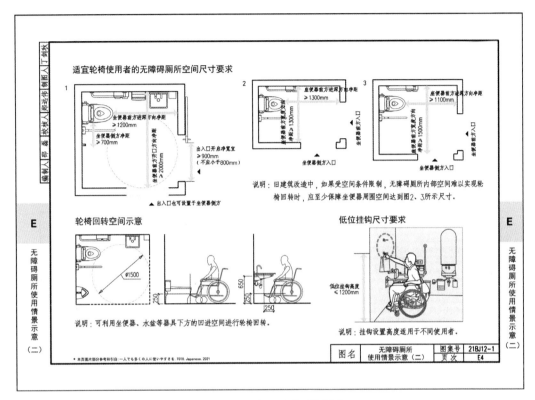

图 3-3-9　无障碍厕所使用情景示意

　　建筑无障碍设施建设涉及日常工作、生活的方方面面，包含项目内容多，设计要求多，由于对细节重视不够，研究不深入，导致无障碍设施不好用、用不了的情况时有出现。

　　《图集》的编制工作得到了清华大学建筑学院周燕珉工作室的大力支持，纳入了无障碍精细化研究成果，从无障碍设计原理到适用人群划分，再到设施布置安装细节，使内容更贴合残障人士实际需求，推动实现建筑设计的细节无障碍。

▶ 8 完善无障碍环境建设，保障母婴权益

　　母婴室是无障碍环境建设中重要的组成部分，是社会文明与进步的重要标志。针对目前公共场所母婴无障碍设施的缺失或不完善，严重影响母婴这一特殊群体参与社会活动的突出问题，《图集》新编入母婴室设计部分，顺应建设和谐宜居之都的需求，使无障碍设施建设内容更加全面。

　　《图集》对公共场所的面积、人流量和人员等情况进行分析，根据规模把母婴室分为小型、中型、大型、特大型母婴室四种类型，把母婴室内部划分为：盥洗、哺乳、备餐、休息四个不同的功能分区，同时制定了"母婴室类型与功能设施配置对照表"，层层深入，使设计师对母婴室设计内容和基本要求了然于心，有效指导公共场所新建、改建母婴室进行规范建设。

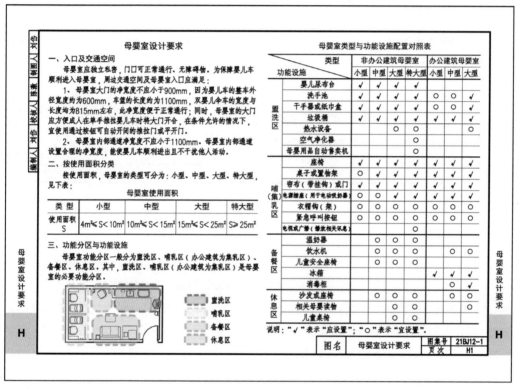

图3-3-10　母婴室设计

- **编制难点**

　　《图集》的编制重点放在通用性的同时，又应具有先进性。通过调查发现，现有的无障碍设施，仅仅停留在统一通用阶段，做法传统。本《图集》以充分与有障碍人士积极沟通为切入点，从提升理念、优化做法、更新材料的方向开展编制工作，使之具有先进性。

　　依据的规范发行时间较早，调整尺寸需反复试验确定。无障碍环境建设的标准内容主要属于推荐性标准，强制性条文少，标准过低、强制力弱，更新慢。例如：国家标准《无障碍设计规范》GB 50763—2012中部分标准要求和内容由于久未更新，已经远远不能满足当前城市无障碍环境建设的实际需要。在《图集》的编制过程中，编制组成员反复试验及调整，把各项设施的间距调至合适、合理的尺寸。

- **编制挑战**

　　依据标准，引领标准。《图集》内容既要遵守相关标准的要求，同时也引领标准朝着高要求不断推进与更新，使无障碍环境建设更加完善。

　　加强无障碍精细化设计。调整建筑出入口坡度、下移窗把手高度、微调无障碍卫生间内安全抓手与洁具的间距等细节问题。一些细微的调整会使无障碍设施在使用上更加连贯与顺畅。

　　加强无障碍一体化设计与施工。从无障碍标志牌到人行道、道路交叉口，以及人行天桥和人行地下通道等实现连贯且风格统一的一体化设计与施工。

　　增加适老化改造设计、母婴室设计，扩大无障碍设施的适用群体。适老化改造一般出现于老旧小区，改造条件受限，母婴室设计也因具体工程的不同而有所差异，《图集》从中提取归纳出具有通用性和代表性的典型无障碍设计方法。

04 民用机场航站楼无障碍系统设计导则

　　为贯彻落实民航局《推进四型机场建设行动纲要》的行动需要，加快实现标杆机场引领世界机场发展，全方位建设民航强国的重要举措，提升机场无障碍环境建设是重要的一部分。以大兴国际机场为标杆，着力建设一批高质量的机场工程，树立先进的建设理念，努力把每一座机场都建成"精品、样板、平安、廉洁"工程。

　　由中国残疾人联合会无障碍环境建设办公室、中国民用机场协会组织，北京市建筑设计研究院有限公司、北京新机场建设指挥部承担《导则》的编制工作。

　　《导则》在总结我国民用机场多年来推行无障碍环境建设的基础上，重点汲取北京大兴国际机场无障碍实践的先进经验与优秀成果。

▶ 项目信息

项目时间：
2019.6—

组织单位：
中国残疾人联合会无障碍环境建设办公室
中国民用机场协会

承担单位：
北京市建筑设计研究院有限公司
北京新机场建设指挥部

主要参与人员：
胡霄雯　刘 琼　王世博

图3-4-1　封面

▶ 图册技术亮点

· 逻辑性

导则正文主体部分内容简洁，重点突出，共包括四个章节：总则、航站楼与无障碍环境、无障碍系统分类及设计要点、北京大兴国际机场无障碍环境建设探索。其中第3章，延续大兴机场无障碍8大系统设计思路，精确细分20个子系统，梳理总结102条技术要求。

· 图示性

通过实践照片进行表达，以反映真实的场景；
将技术指标进行文字标注，直观反应各项规范要求。

· 指导性

《民用机场航站楼无障碍系统设计导则》的编制，不光有助于专业人士对《行业标准》的使用，更便于大众对合规标准的无障碍设施建设有正确的认识与理解，对深入开展机场无障碍环境建设起到辅助作用。

▶ 1 图册编制概况

民航局提出建设"平安机场、绿色机场、智慧机场、人文机场"四型机场的标杆体系，坚持以人为本，以提升旅客出行体验为导向推动新时代民航高质量发展。无障碍环境建设是"精品工程、样板工程"及"四型机场"的重要组成部分，是展示机场航站楼现代化建设水平和人文关怀的重要体现。编制组经过广泛调查研究，认真总结北京大兴国际机场实践经验，参考国内《无障碍设计规范》《无障碍环境建设条例》等法规、标准要求，充分借鉴发达国家和地区机场无障碍环境建设经验，坚持问题和需求导向，编制了本导则。

北京大兴国际机场无障碍设计首次将残障人士按照行动不便、视觉障碍和听觉障碍分为三类群体，创新性地将无障碍设施分为停车系统、通道系统、公共交通运输系统、专用检查通道系统、服务设施系统、登机桥系统、标识信息系统、人工服务系统共 8 大类，有针对性地根据三类群体的需求进行研究探索。

——载于新华网（www.xinhuanet.com）北京9月17日电：让残障人士出行无碍——北京大兴国际机场无障碍设施见闻

无障碍环境建设是北京大兴国际机场"精品工程、样板工程"及"四型机场"的重要组成部分，是展示新机场现代化建设水平和人文关怀的重要体观。一系列的无障碍通用设计等理念意识、创新亮点、精雕细节、用心暖心的设计样板值得向全国公共行业推广应用。

——载于人民网（www.people.cn）北京9月17日：北京大兴机场 无障碍出行

6 月 18 日，北京大兴国际机场无障碍建设通过无障碍专家委员会组织的验收。

——载于中华人民共和国中央人民政府网站（www.gov.cn）2019 年 6 月 20 日：北京大兴国际机场无障碍建设通过专家验收

▶ 2 图册章节构成

　　《导则》正文主体部分内容简洁，重点突出，共包括四个章节：总则、航站楼与无障碍环境、无障碍系统分类及设计要点、北京大兴国际机场无障碍环境建设探索。其中第3章，延续大兴机场无障碍8大系统设计思路，精确细分20个子系统，梳理总结102条技术要求。以实用、普适为基本编制原则，配合技术图纸力求做到覆盖全面、直观易懂、可操作性强。

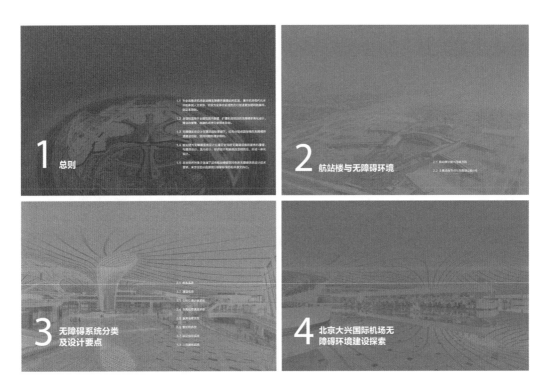

图3-4-2　章节目录

▶ 3 图册内容展示

• **技术指标图示构成**

条文——技术图纸——实景照片，从抽象到具象阐述无障碍系统设计要求及运用。

第四章中对应系统的实景照片增加尺寸标注，图片解析。不仅向读者示意了如何进行无障碍设计，并解释为何需要无障碍设计。合理高效地解决了设计过程中"只知其然而不知其所以然"的问题。

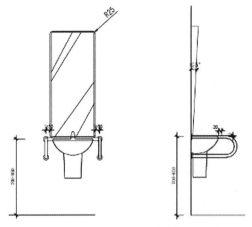

图3-4-3 矢量图（无障碍洗手盆为例）

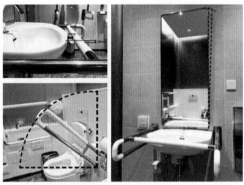

图3-4-4 实景照片+尺寸标注（无障碍洗手盆为例）

解析：
全面屏触摸操控面板，可显示楼层及楼层信息

解析：
结合轿厢内抓杆设计一体化低位操控面板，呼叫按钮均设盲文

图3-4-5 实景照片+解析

▶ 4 研究思路

本导则将残障人士按照行动不便、视觉障碍和听觉障碍分为三类群体,创新性的将无障碍设施分为八大系统,结合国际标准和中国人独特的人体工程学原理,有针对性的根据三类群体对机场航站楼内八大无障碍系统设施的不同需求进行研究。

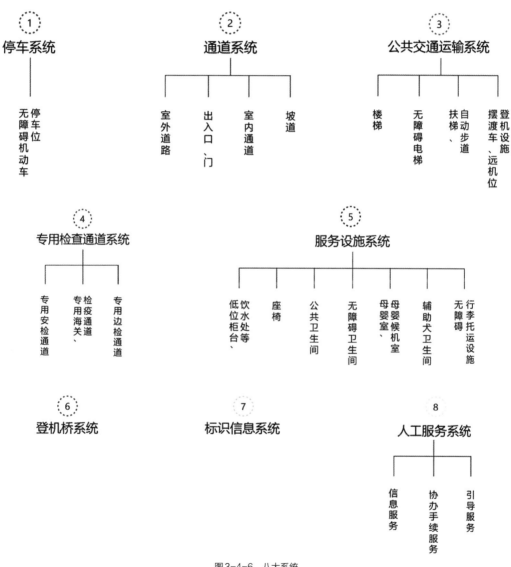

图3-4-6 八大系统

▶ 5 应用场景

　　结合航站楼特征，在民用建筑无障碍规范基础上，对航站楼内各无障碍系统进行标准提升。首先，创新性地引入了无高差行李托运设备、电梯轿厢扶手一体化内呼面板、电梯外部脚触式外控面板、人造肛马桶、马桶边手盆、C型抓杆等一系列新的设备设施；其次，对机场专用设施、通道，如登机桥、安检区、旅客联检现场、远机位登车以及登机设施等均提出了相关的无障碍要求。

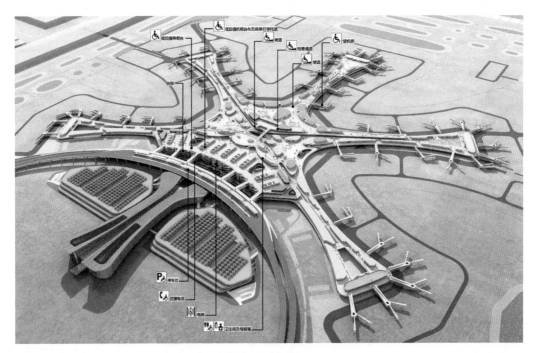

图3-4-7　主要流程节点与无障碍设施分布示意

▶ 6 项目效益

科学价值。通过机场无障碍系统设计的研究，构建无障碍、便捷的旅客全流程出行体验，有效提升机场无障碍服务保障能力。

图3-4-8　低位航司服务柜台

社会效益。本导则设计水平反映社会发展程度、社会文明程度、促进社会和谐发展，开发和激发失能认识的社会价值。成果可有效提升机场无障碍、便捷出行服务的人性化、科技化水平，增强冬残奥会期间的机场无障碍出行服务保障能力，推进我国无障碍服务水平进一步提升。

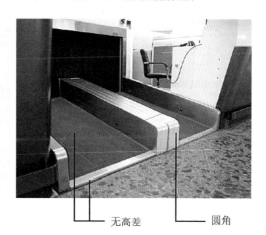

图3-4-9　无高差行李托运设备

经济效益。随着机场残障旅客航空出行数量的日益增多，机场无障碍环境建设需求日益增长，无障碍系统设计在机场拥有广泛的应用场景，同时也可在高铁站等大型交通枢纽推广应用，产业化前景广阔。

图3-4-10　无障碍洗手盆

无障碍通用标识环境设计实验虚拟仿真实验，以色彩和尺度要素为实验单元，将应用场景与设计关键要素虚拟仿真，以沉浸式体验，闯关式实验，实时对比视觉效果为手段，通过虚实互补的实验环节，使学生了解无障碍通用标识环境设计背后的量化数据，提高学生优化设计的能力，培养了学生的自主研究和创新能力。本项目填补了同类教学领域的空白，通过7个实验层次，立足问题导向、自主式、探索性设计实验方法，是奉献服务社会的实验项目。

该课程校内上线时间是2018年，注册学员人数达1633人，优秀人数1216人，课程及课程配套的研究成果（无障碍标识设计指南及图示）获批入选全国首次（2020）无障碍设施设计十大精品案例和全国无障碍环境建设成果展示应用推广项目。

图3-5-1 无障碍通用标识环境设计虚拟仿真实验（一）　图3-5-2 无障碍通用标识环境设计虚拟仿真实验（二）　图3-5-3 无障碍通用标识环境设计虚拟仿真实验（三）

▶ 项目信息

项目时间：2019年认定国家一流课程　　　　**项目负责人：**董　雅　赵　伟

申报单位：天津大学建筑学院　　　　　　　**项目组成员：**王小荣　贾巍杨　曲翠萃

图3-5-4 无障碍通用标识环境设计虚拟仿真实验（四）

▶ 1 实验目的

- **知识掌握层面**：使学生可视化学习通用无障碍标识环境设计的抽象原理。

- **操作能力层面**：学生能够进行实操性学习，在模拟实践环节中综合学习和运用标识设计。

- **自主探索层面**：以问题解决为中心，巩固学生基础知识，培养学生实际操作能力、综合分析解决问题能力、研究辅助设计的能力、创新能力。

- **平台拓展层面**：通过实验，获得基于环境障碍获得循证设计的实验报告。

- **研究基础层面**：实验平台具有对不同人群参与实验的包容性，能够提供相应的社会服务和推广。

图3-5-5　无障碍是每一个人的无障碍

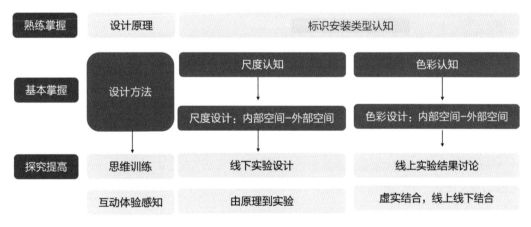

图3-5-6　虚仿实验教学目标

▶ 2 实验原理

本虚拟仿真实验项目聚焦无障碍标识尺度与色彩设计，以如何达到标识信息传达的易辨识性为训练目标。

（1）无障碍标识类型认知

按照标识构造与安装方式分为悬挂式、地牌式、贴壁式、悬挑式、带盲文的标识、地面式标识几个基本类型。

（2）无障碍标识尺度认知

通常标识系统按照300（mm）为分析模数单位，根据正常人与坐轮椅人视线高度不同，按照标识的参照线分为450mm，1500mm，2100mm，2400mm。视线高度方面，正常人视线1600mm，轮椅人视线1100mm。

（3）无障碍标识色彩认知-对比度认知

标识牌体的底色与文字及图形色的识别度与明度对比相关，跟色相、纯度相比明度对比，特别是以黑底白图的强烈对比关系更容易让人识别。

（4）无障碍标识尺度设计

无障碍标识的尺度与视距、标识类型和安装高度三个要素息息相关。标识牌体的尺度一般按照使用者的最大观察视距来计算，最小尺寸应与观察视距相匹配，宜根据以下公式计算：

$$L=0.09D$$

注：L——标识牌短边长（m）；D——最大观察视距（m）。

安装高度指标识牌中心或标识图形几何中心到所在地面的垂直高差，贴壁式标识要求其图文内容应在距地面1200~1600mm范围内，悬挂式标识要求底边净空不小于2100mm。

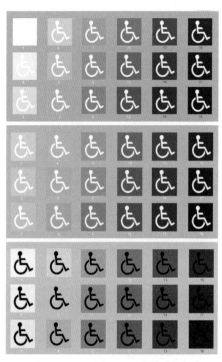

图3-5-7 无障碍标识色彩的明度变化对比

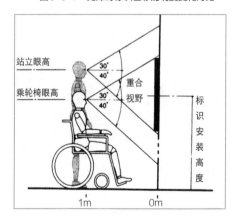

图3-5-8 无障碍标识安装高度

（5）无障碍标识色彩设计

无障碍标识色彩根据标识类型与环境的关系可以分为有衬板类和无衬板类。色彩设计的类型分为白底黑图、黑底白图类，设计可调整变量包括明度、色相、牌体或图文的尺度，同时也受到照明环境的影响。

核心要素的仿真程度：

本实验空间场景、标识系统、人物等都是按照实物比例精细化建模，高度还原了色彩与尺度方面的真实。

（1）标识尺度设计虚拟仿真实验室，室内地面墙面顶面空间设置150×150mm网格线，实验室内部设置悬挂式、地牌式、贴壁式、悬挑式、带盲文的标识、地面式标识几个基本类型。

图3-5-9　标识尺度设计虚拟仿真实验室　　图3-5-10　标识尺度设计真实实验场景

（2）标识色彩与尺度实验医院空间实验场景，该实验场景模拟医院走道空间，主要涉及垂直交通空间与水平交通空间的标识类型。

图3-5-11　标识色彩设计虚拟仿真实验室　　图3-5-12　标识尺度设计虚拟仿真实验室

（3）标识色彩与尺度实验街道空间实验场景，该实验场景模拟街道景观中十字路口的户外无障碍标识，类型包括立地标识和地面标识。

图3-5-13　标识色彩与尺度实验街道空间实验场景

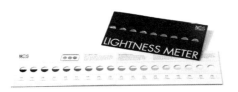

图3-5-14　NCS明度尺

图3-5-15　视觉障碍模拟套件　　图3-5-16　NCS读色仪

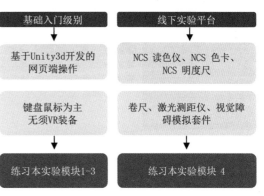

图3-5-17　实验环境及设备需求

▶ 4 实验材料、参数及教学方法

- **技术指标图示例举**

本实验虚拟仿真部分需要设置的实验参数包括：

1.标识色彩认知的等级评价。

2.医院室内场景标识视距控制参数、贴壁无衬板标识字体大小参数及背景墙面色相选项、标识类型选项、标识衬板明度参数。

3.街道场景标识纹理方向与颜色参数、场景光环境模式及标识衬板明度值。

本实验的线下实验真实耗材包括：彩色打印纸、写真喷绘板等。

实验前准备：

1.阅读《无障碍设计》教材，第四章标识环境。

2.阅读《无障碍与城市标识环境》教辅书，第二章-标识的类型与无障碍环境，第三章-单体无障碍标识的设计研究。

3.实验中操作：按步骤完成全部操作。

4.线下传统实验：对互动环节中的一个标识类型进行实物实验，测试其视距、尺度、色彩等方面的易识别度评价。

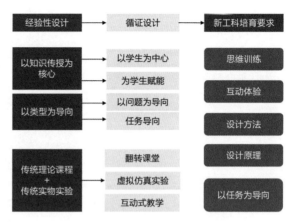

图3-5-18　教学方法、使用目的

通过四个实验模块，实验环节聚焦无障碍标识尺度与色彩设计的信息传达的易于辨识为目标。

1.变量关系控制

尺寸：标识牌体尺寸、安装位置（环境关系）、人体尺度（视线高度）、视距。

色彩：标识配色设计（主体色的明度与纯度、背景色）、环境色彩关系。

2.识别度主观评价

标识：色彩与尺寸的易识别度评价。

3.实验场景、环境场景

无障碍标识环境原理、室内场景、室外场景。

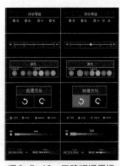

图3-5-19　无障碍通用标识环境设计虚拟仿真实验操作界面（一）

图3-5-20　无障碍通用标识环境设计虚拟仿真实验操作演示（二）

图3-5-21　无障碍通用标识环境设计虚拟仿真实验操作演示（三）

图3-5-22　无障碍通用标识环境设计虚拟仿真实验操作演示（四）

图3-5-23　无障碍通用标识环境设计虚拟仿真实验操作演示（五）

图3-5-24　无障碍通用标识环境设计虚拟仿真实验操作演示（六）

▶ 5 实验方法与步骤

实验方法:

1.步骤一: 进入系统, 在系统进入界面, 首次实验点击进入系统, 点击"开始实验"按钮, 进入导航图, 完成线下实验后, 点击进入提交实验成果, 点击"实验报告"按钮, 直接跳入实验模块(模块四)。

2.步骤二: 实验各模块导航图, 按照顺序选择模块, 逐一闯关, 点击"进入虚拟实验室"按钮, 进入板块一, 导航菜单。

图3-5-25 无障碍通用标识环境设计虚拟仿真实验(一)

图3-5-26 无障碍通用标识环境设计虚拟仿真实验(二)

图3-5-27 无障碍标识尺度与色彩设计原理实验

图3-5-29 无障碍标识色彩设计探究型实验

图3-5-28 无障碍标识尺度设计探究型实验

图3-5-30 无障碍标识尺度与色彩设计线下实验

▶ 6 技术亮点

- 理念创新：从无障碍标志设计到无障碍标识环境设计。
- 内容创新：聚焦尺度与色彩，将无障碍标识环境设计的学理化。
- 教学方法创新：虚实结合，师生、生生互动，教研结合。
- 评价方式创新：过程性多阶段综合评价。
- 难点与挑战：线上部分采用开放式虚拟仿真实验教学管理平台，以计算机仿真技术、多媒体技术和网络技术为依托，采用面向服务的软件架构开发，集实物仿真、创新设计、智能指导、虚拟实验结果自动批改和教学管理于一体。线下部分采用虚拟现实软件，通过VR头盔、手柄等交互工具，实现沉浸式体验和仿真效果同步实时渲染的同步体验。

图3-5-31　教学方法创新：虚实结合，师生、生生互动，教研结合（一）

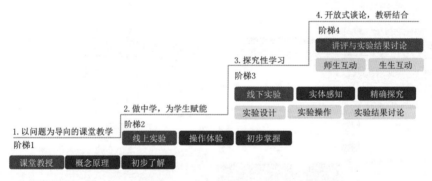

图3-5-32　教学方法创新：虚实结合，师生、生生互动，教研结合（二）

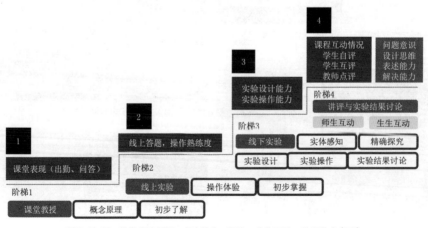

图3-5-33　教学方法创新：虚实结合，师生、生生互动，教研结合（三）

▶ 7 后续计划

1.实验内容的可拓展性：增加3个开发模块

无障碍标识设计具有广泛的研究议题：

如线路规划、版式设计、图形设计、字体设计、照明设计、材料设计等多个议题，都可以继续开发，形成系统性的无障碍标识设计实验平台。

图3-5-34　开发与建设的可拓展性

2.实验方法的可拓展性

3.实验装备的可拓展性

线上实验-通过网络技术，实现多人同场景同时实验，对实验变量实现实时渲染，在线标注实验数据。

线下实验-借助VR头盔等装备，实现传统实验与虚拟实验的多种衔接。

课堂环节-通过翻转课堂等多种手段，增加师生学习交流的学习技术更新。

图3-5-35　实验内容的可拓展性

4.实验受众的可拓展性：服务人数3000~5000人

无障碍标识设计虚拟仿真平台具有广泛的社会服务意义：

（1）实验教学平台可以向全国各个高校、研究机构、设计院所开放。

（2）实验教学平台可以向社会开放，如残疾人督导队，无障碍环境建设相关成员。

（3）除教学平台之外，具备成为方案评价平台。

无障碍标识设计目前方案评价以主观评价为主，缺少定量分析平台。

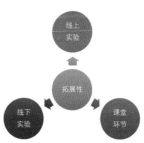

图3-5-36　实验方法的可拓展性

图3-5-37　实验受众的可拓展性